말문이 열리면 전도가 즐거워진다
두려움 없이 전하라

▌국제제자훈련원은 건강한 교회를 꿈꾸는 목회의 동반자로서 제자 삼는 사역을 중심으로
성경적 목회 모델을 제시함으로 세계 교회를 섬기는 전문 사역 기관입니다.

두려움 없이 전하라

초판 1쇄 발행 2006년 11월 27일
개정판 8쇄 발행 2015년 1월 25일

지은이 윌리엄 페이, 린다 에반스 셰퍼드
옮긴이 전의우

펴낸이 박주성
펴낸곳 사단법인 사랑플러스
등록번호 제2013-000170호(2013년 9월 25일)
주소 서울시 서초구 효령로68길 98 (서초동)
전화 02-3489-4300 **팩스** 02-3489-4329
E-mail dmipress@sarang.org

ISBN 978-89-5731-101-7 03230   Printed in Korea

* 책값은 뒤표지에 있습니다. 잘못된 책은 구입하신 곳에서 교환해 드립니다.

말문이 열리면 전도가 즐거워진다

두려움 없이 전하라

Share Jesus Without Fear

윌리엄 페이 · 린다 에반스 셰퍼드 지음 | 전의우 옮김

국제제자훈련원

Originally published in the U. S. A. by Broadman & Holman Publishers, a division of
LifeWay Christian Resources of the Southern Baptist Convention, Nashville, Tennessee under
the title *SHARE JESUS WITHOUT FEAR*
Copyright © 1999 by William Fay and Linda Evans Shepherd
Korean Copyright © 2006 by DMI Press

Translated and used by the permission of Broadman & Holman Publishers through the
arrangement of KCBS Literary Agency, Seoul, Korea.
All rights reserved.

본 저작물의 한국어판 저작권은 KCBS Literary Agency를 통하여
Broadman & Holman Publishers와 독점 계약한 국제제자훈련원에 있습니다.
신저작권법에 의하여 한국 내에서 보호받는 저작물이므로 무단 전재 및 복제를 금합니다.

추천사

나는 1944년에 우리 주 예수 그리스도와 함께 대 모험을 시작했으며, 1951년 나의 의지로 예수 그리스도의 종이 되었다(롬 1:1). 나 자신을 온전히 주님께 맡긴 이후로 나는 날마다 모든 일을 그분의 지상 명령과 연관지어 생각하고 평가했다. 55년간 그리스도를 증거하는 삶을 살면서 윌리엄 페이만큼 주님을 열정적이고 효과적으로 증거하는 사람을 보지 못했다. 그는 내게 큰 축복이자 영감이다.

빌 브라이트 (국제 CCC의 설립자이자 총재)

복음을 전해서 한 생명이 결신했을 때의 기쁨은 하나님의 자녀만이 얻을 수 있는 특권이다. 그러나 이러한 기쁨은 결코 쉽게 얻어지는 것이 아니다. 복음을 전하는 일은 우리를 망설이게 하고 우리의 입을 닫게 만든다. 그런 의미에서 『두려움 없이 전하라』는 예수님의 명령에 순종하고자 하는 이들에게 큰 도움이 될 것 같다.

이 책은 우리를 전도로 인한 두려움에 정면으로 마주서게 해서 우리 앞에 놓인 문제의 핵심을 바로 보여 준다. "저는 거절당하는 것이 두려워요"라는 두려움이나 "성경이 진리인지 어떻게 알 수 있나요?"와 같은 돌발적인 질문에도 훌륭하게 대처하는 실제적인 답들이 가득하다. 전도에 대한 막연한 두려움을 따뜻한 사랑으로 녹이고 전도의 힘찬 동력을 찾는 사람에게 좋은 출발점이 되어 줄 것이다. 이제 우리는 우리의 임무에 순종할 일만 남았다.

옥한흠 (사랑의교회 원로목사, 국제제자훈련원 원장)

우리는 때로 복음 전도에 앞서 상대방의 거절이나 그 이후의 불편해질 관계를 염려하곤 한다. 또한 주님의 지상명령에 따라 그들에게 전하기는 해도 응하지 않으면 우리의 노력이 부족해서라고 판단할 때가 많다. 이 책에서 윌리엄 페이와 린다 에반스 셰퍼드는 사람들이 당신의 메시지를 거부할 때 그것은 당신이 아니라 예수님과 하나님의 말씀을 거부하는 것이므로 우리가 할 일은 입을 여는 순종이라고 말한다.

이 책은 우리가 전도를 두려워하는 이유와 그것에 대한 해결책을 실질적으로 제시하고 있다. 저자가 경험한 실례와 함께 입을 열어 말을 꺼내는 데서부터 복음으로의 결단에 이르기까지 구체적인 질문 사항들도 제시하고 있어 전도에 목마른 크리스천들의 갈증을 해결해 줄 좋은 지침서가 될 것이다.

민경설 (대전신학대학교 총장, 서울 광진교회 목사)

헌 사

나의 구원자이신 예수 그리스도께 이 책을 바친다. 당신이 이 책으로 인해 믿음을 나눌 때 자유와 용기를 얻기 바란다. 하나님께서 내게 용기와 도전을 주고 나를 바로잡으시려고 사람들을 보내주셨다. 그들이 없었다면 지금의 내 삶과 이 책은 없었을 것이다. 하나님께서 나를 변화시키실 때 묵묵히 곁에 있어 준 아내, 그리고 그랜트 부부에게 감사한다. 나의 친구 케이타 앤드류 그리고 내가 믿음을 나누었고 주님을 영접하는 기도를 드리게 해 준 많은 이들에게도 감사한다.

하나님의 주권을 확신하도록 견고한 신학적 기초를 준 덴버 신학교의 조직신학 교수, 고든 루이스(Gordon Lewis)에게 감사한다. 늘 곁에서 도와준 친구, 톰 웨인스(Tom Weins)에게도 감사한다. 특히 모든 목회자들에게 감사한다. 예수 그리스도의 부르심에 순종하는 여러분을 더없이 존경한다.

― 윌리엄 페이

이 책을 허락하신 하나님께 감사한다. 언젠가 하늘나라에 가서 이 책을 읽은 사람 모두와 만난다면 참으로 기쁠 것이다.

― 린다 에반스 셰퍼드

목 차

제1장 | 당신은 실패하지 않았다 · · · · · · · · · · · · · 11
제2장 | 침묵의 죄 · · · · · · · · · · · · · · · · · · · 15
제3장 | 두려움을 극복하라 · · · · · · · · · · · · · · · 27
    • 믿음을 나누지 못하게 하는 여섯 가지 두려움
제4장 | 말문을 여는 다섯 가지 전도 질문 · · · · · · · · 45
    • 대화를 시작하기 위한 질문
    • '음'의 원리
제5장 | 성경의 능력을 의지하라 · · · · · · · · · · · · 63
    • 장총 대 권총
제6장 | 결단에 이르도록 도우라 · · · · · · · · · · · · 85
    • '왜'의 원리
제7장 | 교회의 문 안까지 동행하라 · · · · · · · · · · 105
제8장 | 예상되는 반론에 대한 답변을 미리 준비하라 · · · · 117
    • 가장 흔한 서른여섯 가지 반론과 답변
제9장 | 믿지 않는 친구와 관계 맺기를 주저하지 마라 · · · 165
제10장 | 진실한 마음으로 기도하라 · · · · · · · · · · 185
제11장 | 지금 당신의 소중한 소명에 순종하라 · · · · · · 201

부록 | 전도시 부딪히는 36가지 반론과 답변

부록 1 예수님 나누기 · · · · · · · · · · · · · · 213
- 대화를 시작하기 위한 질문
- 다섯 가지 전도 질문
- 전도 구절
- 다섯 가지 결단을 위한 질문
- 죄인의 기도
- '왜'의 원리
- 새신자를 위한 질문과 인도

부록 2 성경 나누기 · · · · · · · · · · · · · · · 219

부록 3 36가지 반론과 그에 대한 답변 · · · · · · 221
- 반론 목록
- 활용 방법
- 반론에 대한 답변

부록 4 과제 · · · · · · · · · · · · · · · · · · 258

부록 5 윌리엄 페이의 간증 · · · · · · · · · · · 260

주 · 271

제 **1** 장

당신은 실패하지 않았다

나는 과거가 화려하다. 수백만 달러 상당의 국제적 회사의 사장이자 최고 경영자였고 마피아와 밀접히 연계되어 있었으며 미국에서 상당히 큰 매춘 업소를 운영했다. 그뿐 아니라 밀수와 마권, 도박에도 관여했다. 내게는 금장 롤렉스 시계와 기사 딸린 리무진, 돈, 네 번째 아내, 거기에다가 라켓볼 챔피언 트로피들이 있었다. 나는 세상 사람들이 성공이라고 말하는 모든 것을 가졌다고 생각했다. 그리고 하나님에 대한 자신의 믿음을 나누려는 사람은 누구든지 조롱했다.

어느 날 아침, 나는 라켓볼 클럽에 들어서면서 코를 납작하게 해 줄 상대를 찾고 있었다. 작은 창문으로 들여다보니 유대인으로 보이는 한 남자가 있었다. 나는 문을 밀고 들어가 뻔뻔스럽게 그에게 물었다.

"속죄일에 여기서 뭐 하는 거요? 당신은 왜 다른 유대인들처럼 하지 않소?"

그러자 그 유대인, 폴 그랜트(Paul Grant)가 이렇게 대답했다.

"저는 그리스도인입니다. 속죄일은 유대인들이 한 해 동안 지은 죄에 대해 하나님께 용서를 구하는 날이지요. 하지만 저는 그럴 필요가 없습니다. 메시아이신 예수님을 통해 이미 용서를 받았거든요."

"됐으니 제발 그만하시구려!" 내가 비꼬는 투로 말했다.

그랜트 박사는 그 후 몇 달 동안 내가 질문할 때면 환자와의 약속까지 늦춰가면서 라커 옆에서 나의 말을 들어 주었다. '이런 멍청이. 자기를 이렇게 대해도 가만히 있다니!'

그로부터 1년 6개월 뒤, 나의 매춘 업소가 단속으로 된서리를 맞고 나서야 나는 그랜트 박사를 진지하게 대했다. 여자들이 어디에 있는지 묻거나 자신들의 이름이 거론될까 봐 걱정하는 전화가 수백 통도 넘게 걸려 왔지만, 나에게 "괜찮으세요?"라고 묻는 사람은 그랜트 박사뿐이었다.

나의 40평생에 그렇게 물어 준 사람은 그랜트 박사가 처음이었다. 그가 나에게 관심을 가져 주었다는 사실이 얼마나 큰 충격이었던지, 나는 그가 자신의 아내 캐시와 함께 교회에 가자고 했을 때 그의 초대를 거절할 수가 없었다. 하지만 나는 여전히 그의 말을 순순히 듣지 않았다. 한번은 교회 맨 뒷줄에 앉아 있는 내게 안내자가 장미를 꽂아 주려고 했다. 나는 그 꽃을 마치 원반인 양 획 던져버렸다.

나중에 그랜트 부부의 집에 초대를 받아 나는 처음으로 캐시로부터 복음을 들었다. 캐시는 마치 여드름도 한 번 안 났을 듯이 화사하고 고운 여자였다. 그녀는 학대받았던 어린 시절과 인도네시아에서 한 석유 갑부의 정부로 살았던 시절에 대해 이야기했다. 나는 믿기 어려웠지만 그녀의 말을 끝까지 들었다. 나는 그녀가 기독교라는 이상한 종교로 나를 끌어들이려고 새빨간 거짓말을 꾸며댄다고 생각했다. 우습게도 나는 그날 캐시가 제시한 복음을 거부했으면서도 그녀가 어떤 옷을 입었는지는 기억한다. 그녀가 차를 따라 주었던 주전자도 기억한다. 그러나 나는 그 집을 나서면서 이렇게 말했다. "당신들에게는 어울릴지 모르겠지만 내 인생에 그런 쓰레기 같은 것은 필요 없소."

(나머지 이야기는 '부록5'에서 계속된다.)

그들은 실패했는가?

수년 전부터 많은 사람이 내 삶에 찾아와 자신들의 믿음을 나누려 했지만 나는 받아들이지 않았다. 나는 그들을 모욕하고 적대하며 핍박하여 실망한 채 돌아가게 했다. 그들이 발걸음을 돌리며 자신이 실패했다고 믿었다면, 그들은 속은 것이다. 나는 내게 예수님을 전했던 사람들의 이름과 얼굴, 인격, 그들이 했던 말을 결코 잊지 않았기 때문이다.

하나님께서 다스리신다! 하나님께서 나와 같은 사람을 택하여 변화시키실 수 있다면 당신 삶 속의 그 누구라도 택하여 변화시키실 수 있다. 그러나 이것만은 알아야 한다. 한 사람의 마음을 하나님께로 돌리는 것은 당신의 책임이 아니다. 예수님은 "나를 보내신 아버지께서 이끌지 아니하시면 아무도 내게 올 수 없으니"(요 6:44)라고 말씀하셨다. 사람들을 하나님께로 이끄는 것은 하나님의 몫이지 당신의 몫이 아니다. 그렇더라도 당신은 하나님께서 주신 기회, 곧 당신의 믿음을 사람들과 나눌 기회를 놓쳐서는 안 된다. 그 기회를 놓치면 하나님께서 당신을 위해 계획하신 좋은 것을 경험할 기회마저 놓치게 된다. 빌레몬서 1장 6절은 이렇게 말씀한다. "네 믿음의 교제가 우리 가운데 있는 선을 알게 하고 그리스도께 이르도록 역사하느니라."

주지하다시피 성공은 당신의 믿음을 나누면서 예수 그리스도를 위해 사는 것이다. 누군가를 주님께로 인도하는 것과는 무관하다. 성공은 오직 순종과 관계된 것이다.

당신이 믿음을 나눈 사람이 아무 반응을 보이지 않더라도, 당신은 순종했으므로 결코 실패하지 않았다.

제 2 장

침묵의 죄

어느 날 나는 꿈을 꾸었다. 물에 빠진 한 여자가 허우적거리면서 필사적으로 어린 딸의 머리를 물 위로 밀어 올리고 있었다. 옆에 있던 한 남자는 심연으로 가라앉고 있었다. 남자는 어떻게든 물살을 헤치고 수면 위로 올라오려고 발버둥쳤다. 머리를 수면 위로 내밀고 숨을 쉬려고 필사적으로 애를 쓰지만, 계속 아래로 가라앉는 사람들로 온 사방이 가득 찼다. 그들의 비명은 거센 파도 소리에 묻혀 버렸다. 바람을 타고 퍼져나가는 그들의 외침도 아무 소용이 없었다. 그들은 아무런 도움의 손길 없이 공포 속에 홀로 버려졌다.

그때 거대한 바위가 나타났고 어둠 속에서 음성이 들려왔다. 사람들은 바위 위로 기어올라 죽음을 피할 수 있었다.

죽음에서 벗어난 그들은 내가 이해할 수 없는 일들을 했다. 물 속에서 빠져나온 그들은 바빠졌다. 정원을 꾸미고, 집을 짓고, 일터를 세우고, 음악을 듣고, 콘서트에 가서 바다에 빠져 죽어가는 사람들의 이야기를 했다. 그러나 어느 누구도 그곳으로 되돌아가 도움의 손길을 내밀지 않았다.

꿈속에서 달리거나 소리치려고 해본 적이 있는가? 나는 그런 적이 있다. 그때 나는 달릴 수도 소리칠 수도 없었다. 그럼에도 달리려고 애를 썼다. 그리고 있는 힘껏 소리치려 했다. "당신들이 바다에서 허우적거리던 순간을 어떻게 잊을 수 있단 말이오?"

나는 '구원받은' 죽음에서 벗어난 사람들이 바위 위에서 분주하게 지내는 모습을 보았다. 바위에 대해 이야기하는 그들의 말을 듣고 그 바위가 갈보리의 십자가라는 것을 깨달았다. 그들에게 들려오는 음성은 성령의 능력으로 자신에게 오라고 초대하시는 예수님의 음성이었다. 그분은 안전한 바위 꼭대기가 아니라, 죽거나 병들고 잃어버린 자들이 즐비한 바닷가에서 부르고 계신다. 기억을 더듬어 보라. 그분이 당신을 발견하신 곳도 바로 그곳이었다.

지난 한 해 동안 자신의 믿음을 다른 사람들과 나눈 성도는 겨우 5~10% 밖에 되지 않는다는 사실을 아는가? 이는 우리 가운데 90%가 침묵의 죄를 지었음을 뜻한다. 나의 꿈에서처럼 물에 빠져 죽어가던 사람들이 너무 바빠졌으며 '바위'가 주는 안전에 너무 몰두한 나머지 여전히 물속에서 죽어가고 있는 사람들에게 손 내미는 것을 잊은 것이다.

침묵의 죄

예수님을 죽음에 이르게 한 상처가 어느 것이었느냐에 대한 논쟁이 활기를 띤 적이 있었다. 예수님은 찢기고 찔리고 벗겨지고 맞아서 많은 상처를 입으셨다. 어떤 의미에서 예수님을 죽음에 이르게 한 것은 이러한 상처들이 아니다. 예수님을 죽음에 이르게 한 상처는 침묵이었다. 아무도 그분을 변호하지 않았던 것이다.

예수님이 로마 군병들에게 체포되었을 때 충성스러운 제자 베드로는 도망치지 않았다. 하지만 그는 예수님이 대제사장의 집으로 끌려가실 때 안전 거리, 즉 침묵의 거리를 유지한 채 뒤따라갔다. 군병들이 예수님을 안으로 데리고 들어갔고, 베드로는 한 무리의 사람들과 함께 모닥불을 쬐고 있었다. 그들 가운데 여러 사람이 베드로가 예수님의 제자였다는 것을 알아차렸다. 그들이 베드로에게 물었다.

"당신도 예수와 함께 있지 않았소?"

그러나 베드로는 부인했다.

"미안하지만 나는 그를 모르오."

새벽 미명 무렵 첫 닭이 울기 전에 베드로는 그리스도를 세 번이나 부인했다. 우리는 이 이야기를 읽을 때면 머리를 흔들면서 말한다. "나는 그런 적이 없으니 괜찮아!"

우리들 대부분은 "나는 그를 모릅니다"라고 결코 말하지 않았을 테지만, 그래도 우리는 그분을 부인하는 방법을 알고 있다. 우리는 입을 열지 않음으로써 예수님을 부인한다. 즉 침묵함으로써 그분을 부인하는 것이다. 우리는 우리의 믿음을 다른 사람들과 적극적으로 나누어야 한다. 우리는 성경의 예언이 시시각각 성취되는 시대에 살고 있다. 그러나 우리들 대부분은 침묵한다.

한편 앞으로 10년 안에 10만 개의 교회가 문을 닫을 것이다. 무엇 때문인가? 성도들이 침묵의 죄를 범하고 있기 때문이다.

그리스도인의 삶이 빛을 잃고 있다는 증거를 보라. 자신에게 물어

보라. "나는 나의 믿음을 나누고 있는가? 나에게 친구라고는 그리스도인들밖에 없지 않은가? 나는 죽은 자들, 병든 자들, 잃어버린 자들과 함께하고 있는가?" 당신과 당신의 교회에 속한 그리스도인들이 세상으로 돌아가야 하는 각자의 의무를 잊어버리지 않았는가? 잊었다면 장담컨대 당신의 교회는 성가 선곡이나 카펫 색깔과 같은 비본질적인 문제들 때문에 분열되고 서로 비방하며 싸우기 시작할 것이다. 당신은 사람을 낚는 어부가 아니라 그리스도인들의 어장을 지키는 수위가 될 것이다. 당신의 교회는 영적 죽음을 향해 달려갈 것이다. 실제로 어떤 교회든지 개인적으로나 집단적으로 전도하지 않는다면 화석화될 것이 분명하다.

어쩌면 우리는 거듭나지 못한 사람들에게 무슨 일이 일어날지 까맣게 잊고 있을 수도 있다. 나는 그리스도를 따르기로 결단하기 전까지 이른바 '중간의 거짓말'의 삶을 살았다.

아무튼 나는 내가 그리 나쁘지 않고 '중간' 정도는 되며 따라서 천국에 갈 자격이 있다고 믿었다. 그러나 그것은 거짓이었다. 성경은 하나님, 아니면 사탄이 당신의 아버지라고 말한다. 당신은 그리스도와 관계가 있거나 없거나 둘 중 하나이다. 당신은 거듭났거나 거듭나지 못했거나 둘 중의 하나이다. 당신은 하나님의 자녀이거나 하나님의 원수, 둘 중 하나이다. 당신은 진노 아니면 자비를 쌓고 있다. 당신은 천국 아니면 지옥을 향하고 있다. 중간에 속한 사람은 없다. 그곳에 '거의' 도달한 사람이란 없다. 그리스도를 거부하기로 선택한 사람들은 '유죄를 선고' 받았다. 사랑의 하나님께서 불신자를 지옥에 보내지 않으시리라고 믿는 것은 잘못된 생각이다.

십자가를 생각해 보라. 그리스도께서는 십자가에서 자신을 버리시고 우리의 죄를 지셨다. 이것은 하나님의 놀라운 사랑을 보여 준다. 그렇다면 하나님의 공의는 어떻게 되는가? 하나님의 흠 없는 어린양이신 그리스도께서는 십자가에서 세상 죄를 지시고 이렇게 외치셨다. "나의 하나님, 나의 하나님, 어찌하여 나를 버리셨나이까"(마 27:46). 그분은 또한 이렇게 말씀하셨다. "나는 무덤으로 내려가는 사람과 다름이 없으며… 이 몸은 또한 죽은 자들 가운데 버림을 받아서… 더 이상 기억하여 주지 않는 자와도 같고"(시 88:4, 5, 표준새번역).

성경은 하나님께서 예수 그리스도에게 등을 돌리셨음을 분명히 한다. 하나님께서는 그분의 모든 진노를 흠이 없으신 아들에게 쏟아 부으셨다. 왜 그렇게 하셨는가? 거룩하신 하나님께서는 당신이 지은 죄와 그분의 외아들에게 전가된 죄, 그 어떤 죄도 그냥 두실 수 없기 때문이다.

누구든 거듭나지 않아도 심판받지 않는다는 거짓말을 이제는 믿지 말아야 한다. 하나님께서 우리의 믿지 않는 친구를 지옥 대신 우리와 함께 천국에 보내신다는 말을 믿지 말아야 한다.

이 책을 읽는 사람들은 다음과 같이 두 부류로 나눌 수 있다.

1. **잃어버린 자들에 대해** 이야기하는 사람
2. **잃어버린 자들에게** 이야기하는 사람

나는 당신이 지금 누구인가에 대해서는 관심이 없다. 나의 관심은 전도에 관한 이 얇은 책을 읽고 당신이 앞으로 어떻게 변할 것인가에 있다. 당신은 지금까지 첫 번째 부류에 속해 있었을 것이다. 이 책을 다 읽고 나서는 두 번째 부류에 속하길 바란다. 그러나 두 번째 부류에 속하는 사람들 중에도 바다에 빠져 죽어가는 사람들의 생명을 직접적으로 구하지 않고 암시만 하는 사람들이 있다.

많은 그리스도인이 주님을 사랑한다고 말한다. 그들은 사람들을 안아 주고 다른 사람들을 위해 기도하겠다고 말하지만 복음의 진리에 대해 암시만 줄 뿐이다. 때로 그들은 은빛 금붕어 문양과 "예수님을 사랑하면 경적을 울리세요"라는 문구의 스티커를 자동차 범퍼에 붙이고 다닌다. 그런가 하면 좀 더 용기를 내어 붉은 글씨로 '요한복음 3:16'이라고 쓴 피켓을 들고 풋볼 경기장을 찾는다.

이러한 그리스도인들은 성령께서 다른 사람들의 마음을 변화시키실 수 있도록 충분한 정보를 나누지 않는다. 이들은 죽음에서 생명으로 어떻게 옮겨가는지 친구들에게 말하지 않는다.

당신은 초대받은 집에서 몹시 시장했던 적이 있는가? 당신의 배에서는 꼬르륵 소리가 점점 거세어진다. 그때 당신은 방 한 구석, 식탁에 차려진 음식을 보고 안도한다. 식탁에는 멋진 은 접시가 놓여 있고 접시에는 아주 작은 크기의 샌드위치 조각들이 있다. 당신은 미소를 지으면서 호화로운 카펫을 가로질러 더없이 훌륭한 식탁으로 간다. 그러나 샌드위치 조각들을 아무리 먹어도 당신은 도무지 포만감을 느낄 수 없다.

이와 똑같은 원리가 친구들에게 영적 음식을 극소량만 제공하는 그리스도인들에게 적용된다. 이들의 친구들은 영생으로 배부르길 바라지만 여전히 허기를 느끼며 돌아갈 것이다.

그리스도인들은 이렇게 말한다.

"윌리엄 씨, 저는 교회에 다니며 선한 그리스도인으로 살아가고 있어요. 하지만 제 믿음을 나누지는 않아요."

그러나 다른 사람들과 믿음을 나누지 않는다면 당신은 선한 그리스도인의 삶을 살고 있지 않다는 데 문제가 있다. 로마서 10장 14절은 이렇게 말한다. "그런즉 저희가 믿지 아니하는 이를 어찌 부르리요 듣지도 못한 이를 어찌 믿으리요 전파하는 자가 없이 어찌 들으리요."

우리가 우리의 믿음을 설명하지 않는다면 친구들은 우리의 믿음을 이해하지 못하며, 따라서 성령의 인도하심을 통해 믿음을 가질 기회도 얻지 못한다는 사실을 반드시 깨달아야 한다.

두 아이의 엄마인 젊은 마니는 잃어버린 자들에게 민감할 수 있게 해달라고 기도했다. 얼마 후 그녀는 입원해 있는 오랜 친구의 문병을 갔다.

"제 믿음을 짐과 나누고 싶었지만 뭐라고 말해야 할지 몰랐습니다. 제가 생각할 수 있었던 거라고는 하나님께서 그를 사랑한다고 말해 주는 것뿐이었어요. 짐이 제 이야기를 잘 받아들였기 때문에 저는 더 말하고 싶었지만 무엇을 어떻게 말해야 할지 알 수가 없었어요. 짐은 몸이 좀 회복되자 저에게 전화를 해서 이렇게 말했어요. '하나님께 내 안부 좀 전해 줄래?' 그때 저는 정신이 번쩍 들었어요. 저의 믿음을 어떻게 나누는지 배워야겠다고 결심했어요. 그래서 윌리엄 씨의 자료를 훑어보며 전도 성경에 표시를 하고 다시 짐을 찾아갔어요. 짐은 여전히 의문을 갖기는 했지만 저의 이야기를 아주 잘 받아들였어요. 그렇게 쉬울 줄 몰랐어요. 이제 저는 복음을 전할 더 많은 기회를 찾고 있어요."

어떤 그리스도인들은 이렇게 말한다. "전도야 목사님이나 윌리엄 페이, 또는 텔레비전 전도자를 통해서나 가능하지 하나님께서 저를 통해 하실 수는 없을 거예요." 이렇게 생각한다면 당신은 "하나님께서 세상의 미련한 것들을 택하사 지혜 있는 자들을 부끄럽게 하려"(고전 1:27) 하신다는 사실을 잊고 있는 것이다.

그러나 마니처럼 친구와 복음을 나눈다면 당신은 한 사람을, 어쩌면 역사를 바꾸는 능력을 발휘할 수 있다.

이러한 진리를 입증하는 증거가 필요하다면 거울을 들여다보라. 당신의 삶은 복음을 듣고 바뀌었다. 삶이 바뀌지 않았다면 당신은 그분을 만나지 못한 것이다. 그분을 만나지 못했다면 당신은 지금 그분을 만나야 한다. 6장 끝의 '복습'을 보면서 당신의 삶을 바꿀 수 있는 방법을 찾아보라.

연쇄 반응

우리가 기회를 잡으면 그것은 연쇄 반응을 일으킨다. 나는 어느 날 오후, 내가 가장 좋아하는 레스토랑 가운데 하나인 블랙 아이드 피(Black-Eyed Pea)를 찾았다. 서둘러 점심을 먹고 웨이트리스에게 물었다.

"어디에서 왔어요?"

"오하이오에서 왔습니다."

"어떻게 오하이오에서 덴버까지 오게 됐나요?"

"결혼하러 왔어요." 그녀가 생각에 잠긴 듯한 표정으로 대답했다.

"결혼은 하셨나요?" 나는 그녀의 슬픈 눈을 보며 물었다.

"아뇨." 그녀가 고개를 저으며 대답했다.

"관심이 있다면 아픔을 해결할 방법을 가르쳐 주고 싶습니다." 나는 몸을 앞으로 숙이며 말했다.

그녀가 나를 바라보며 물었다. "친구랑 같이 가도 되나요?"

"물론이죠!"

그렇게 해서 우리는 이튿날 정오에 덴버 시내 16번가의 한 쇼핑몰에서 만났다. 우리는 사람들의 재잘거림과 유리잔 부딪히는 소리를 들으면서 점심을 먹었다. 그곳은 아마도 우리가 선택할 수 있었던 장소 중 가장 최악의 장소였을 것이다.

그러나 주변의 소란스러움에도 불구하고 두 여자는 하염없이 눈물을 흘리면서 자신들의 마음과 삶을 그리스도께 드렸다.

그녀와 함께 온 친구가 시계를 들여다보았다.

"시간을 많이 빼앗은 게 아닌지 모르겠네요" 하고 내가 말했다.

"아니에요. 사무실로 돌아가서 모두에게 그들도 저처럼 죄를 용서받을 수 있다고 말하겠어요."

현대 교회에는 한 가지 문제가 있다. 포착하기 어렵지만 분명히 있다. 우리들 대부분은 이 여자와 같은 사람들에게 이렇게 말한다. "기다리세요! 잠깐만요! 당신은 아직 아는 게 없잖아요. 새신자반을 거치지도 않았잖아요. 성경책 한 권도 없고, 기도하는 법도 안 배웠잖아요! 그러니 당신의 믿음을 다른 사람과 나눌 수 없어요. 당신은 아직 준비가 안 됐어요!"

그러나 우물가의 여인은 어떠했는가? 그 여인은 복음을 들은 후 곧장 동네로 달려가 친구들에게 전했다. 내가 조금 전에 만난 아가씨도 마찬가지였다. 나는 20분 후에 어떤 여성의 전화를 받았다. "저를 좀 만나 주시겠어요?"

나는 그 여성과 만났다. 그녀는 13개월 동안 간통을 저지르고 있었다. 게다가 지난 두 달 동안은 아예 남편을 떠나 있었다.

그러나 이제 그녀는 자신의 삶을 그리스도께 드렸다. 이틀 후, 그녀의 남편에게서 전화가 왔다. "아내가 달라졌어요. 아내가 집에 돌아왔습니다. 아내가 제게 용서를 빌었어요. 윌리엄 선생님, 도대체 아내에게 무슨 일이 있었나요? 제게도 그런 일이 일어났으면 좋겠습니다."

그는 나를 찾아와서 나의 이야기를 듣고 주님을 영접했다. 그 다음 주일에 그는 아내와 함께 교회에 나와 맨 앞줄에 앉았으며, 자신들의 결혼 생활을 회복시켜 주신 하나님께 감사드렸다.

그로부터 두 주가 지났다. 이번에는 그 여자와 부정한 관계에 있었던 남자에게서 전화가 왔다. 그는 자신의 상대였던 여자가 어떻게 해서 자신을 떠날 수 있었는지 알게 되었다. 나는 그에게 만날 것을 청하였다. 그는 와서 나의 이야기를 들었으나, 안타깝게도 받아들이지 않았다. 그렇지만 그것은 나의 문제가 아니다. 나는 예수 그리스도의 복음을 나누는 일에 순종하는 특권을 누렸다. 나는 실패한 것이 아니었다. 나는 순종했으며, 곧 그것이 성공이었다.

미진한 것으로 진리를 대신하지 말라

성공은 그리스도를 따르며 헌신하라고 누군가에게 강요하는 것이 아니다. 나의 믿음에 대해 이야기를 나누어도 상대방이 반응하지 않을 때가 종종 있을 것이다.

그랜트 부부가 내게 처음으로 복음을 전했을 때 나는 거부했다. 그러나 나는 그 복음을 잊지 않았다. 1년 6개월이 지나 마침내 내가 결정을 내렸을 때, 그들의 복음 제시가 중요한 역할을 했던 것이다.

불신자들은 평균적으로 7.6번 만에 복음을 받아들인다. 그러므로 당신이 복음을 전한 사람이 냉담하게 반응하여도 하나님의 말씀은 헛되지 않을 것이라는 사실을 기억하기 바란다. 당신이 복음을 전한 사람은 그것을 그때 생전 처음 듣는 것일 수 있다. 또는 두 번째, 어쩌면 6.6번째 듣는 것일 수 있다. 당신의 순종으로 인해 그 사람은 인생의 전환점을 맞을 수 있다. 따라서 우리는 우리의 판단이 아니라 믿음에 따라 행해야 한다. 그러므로 한 사람이 복음을 듣고 그냥 돌아서 가버리더라도, 그 한 번의 복음 제시가 씨앗이 되어 마침내 열매를 맺을 수 있다. 당신과의 만남이 그 사람에게는 그리스도를 따르게 되는 인생의 전환점이 될 수 있다.

열매를 맺기 위해 성령이 가장 자주 사용하는 방법은 어떤 것인가? 성령께서는 마음에 사랑이 가득한 증인을 사용하신다. 미국교회성장연구소가 실시한 조사에 따르면 새 신자 가운데 75~90%가 친구나 친지의 일대일 복음 제시를 통해 그리스도께 나왔다고 한다. 회심자 가운데 이른바 '행사'—주일 오전 설교 메시지, 빌리 그레이엄 전도 집회, 친구 초청 주일—를 통해 그리스도를 믿게 되는 경우는 17%에 불과했다. 그러나 대부분의 교회는 많은 시간과 에너지와 돈을 이러한 행사에 투자한다.

비즈니스맨이라면 최소한의 이익밖에 내지 못할 곳에 대부분의 자원을 투자하겠는가? 물론 그렇게 하지 않을 것이다. 비즈니스맨은 이익을 많이 낼 수 있는 곳에 자원을 집중적으로 투자할 것이다. 우리는 믿음을 나누는 일에 시간과 자원을 투자할 때 비즈니스맨의 본을 따라야 한다. 우리의 믿음을 일대일로 나누는 게 중요하다는 것을 알고 진리의 작은 조각만이 아니라, 그보다 더 많은 것을 나눌 준비를 해야 한다. 누군가에게 "하나님은 당신을 사랑하십니다. 당신을 위해 기도할게요. 저는 교회에 다닙니다"라고 말하는 것에 그쳐서는 안 된다. 온전한 복음을 나눌 준비가 되어 있어야 한다. 그러하기에 성경은 이렇게 말한다. "너희 속에 있는 소망에 관한 이유를 묻는 자에게는 대답할 것을 항상 준비하되 온유와 두려움으로 하고"(벧전 3:15).

당신은 이 책을 통해 믿음을 나눌 때 실패란 없다는 것을 깨달을 것이다. 그리고 친절하면서도 담대하게 예수 그리스도의 복음을 전할 수 있는 새롭고 역동적인 방법도 발견할 것이다. 당신은 하나님께서 그분의 말씀에 순종하는 사람들을 특별히 마음에 두신다는 사실을 알기에 성공을 예감할 수 있다.

콜로라도 보울더 출신의 컴퓨터 프로그래머인 40세의 웨인도 이에 동의한다. 그는 말한다. "윌리엄에게 배운 방법대로 했더니 자연스럽게 믿음을 나눌 수 있었습니다. 그리고 빌이 제시한 질문들을 친구들에게 했더니 그들은 제가 그들의 일상적인 필요는 물론이고 그들의 가장 깊은 필요, 즉 그들과 하나님의 관계에도 관심이 있다는 것을 알게 되었습니다. 친구들은 제가 그들의 말에 귀 기울일 것을 압니다. 그것이 바로 그들에게 필요한 것이었습니다. 저는 귀를 기울였기 때문에 성령의 능력을 사용하여 위협하지 않고 진리를 제시할 수 있었습니다."

당신도 웨인처럼 당신의 믿음을 나누라는 예수님의 요구에 기꺼이 순종하겠는가? 지금은 안전한 바위 요새를 떠나 바닷가로 나아갈 때다. 지금은 그분의 진리의 말씀을 죄악에 빠져 허우적거리는 자들을 구하는 생명 줄로 사용해야 할 때다. 예수님은 이미 바닷가에 서 계시며, 당신에게 그분의 사역에 동참하라고 요구하고 계신다. 결국 문제는 이것이다. 즉 당신도 따라가겠는가?

제3장
두려움을 극복하라

어느 날 나는 공항 귀빈실에서 비행기 이륙 시간을 기다리고 있었다. 귀빈실에는 무하마드 알리가 앉아 있었으며 그의 앞에는 이슬람교와 관련된 책자들로 가득한 가방이 놓여 있었다. 내가 들어가자 그는 내게 소책자 몇 권을 건네주었다. 그는 파킨슨병을 앓고 있어서 사인을 해 주는 데도 오랜 시간이 걸렸다.

그를 보며 나는 생각했다. '이 사람은 거짓을 나누기 위해 자신의 남은 육체적, 정신적 기력을 다 쏟고 있다. 그런데 아직도 진리를 나누는 것을 두려워하여 가만히 앉아 있는 그리스도인이 너무 많다.'

믿음을 나누지 못하게 하는 여섯 가지 두려움

하나님께서는 우리들 개개인에게 자신의 믿음을 나누는 일에 순종하라고 명하셨다. 우리 모두에게 복음을 전하라고 명하신 것이다. 혹시 당신은 믿음을 나누지 않고서 "저는 전도의 은사가 없어서요"라고 변명하고 있지는 않은가? 그렇다면 성경을 다시 살펴보기 바란다. 성경에는 복음을 전하라, 전도를 독려하라, 전도를 촉구하라는 주님의 지상 명령이 있다.

그것을 나는 다음과 같이 설명하고 싶다. 나에게는 주는 것과 관련된 확실한 '은사'가 없다. 하나님께서 내게 주신 초자연적인 은사가 없다. 그러나 하나님께서는 나에게 주라고 요구하신다. 나에게는 자비라는 초자연적인 '은사'가 없다. 그러나 하나님께서는 나에게 자비를 요구하신다. 경목으로 자원하여 일하면서 나는 때때로 유아돌연사 증후군(SIDS)으로 자녀를 잃은 어머니를 도와주는 일을 하였다. 때로는 살인 현장에도 가서 끔찍한 사건에서 살아남은 생존자들을 위로하려 애쓰기도 한다. 나는 병원에 가는 것을 몹시 싫어하지만, 병원을 찾아 급작스러운 사건의 희생자들의 손을 꼭 잡아 준다. 나는 '선천(자연)적'으로 자비롭지 못하기 때문에 하나님께서 나를 통해 그분의 자비를 '초자연적'으로 베푸시도록 그분을 의지해야 한다.

우리는 모두 성령의 능력을 통해 복음을 전해야 한다. 사도 바울은 "내게 능력 주시는 자 안에서 내가 모든 것을 할 수 있느니라"(빌 4:13)고 말했다. 곧 하나님께서는 우리가 은사와 재능, 능력이 부족함에도 불구하고 우리의 믿음을 다른 사람들에게 나눌 수 있도록 우리에게 힘을 주셨다. 그러하기에 바울은 에베소서 1장 18~20절에서 이렇게 말했다. "너희 마음의 눈을 밝히사… 그의 힘의 위력으로 역사하심을 따라 믿는 우리에게 베푸신 능력의 지극히 크심이 어떠한 것을 너희로 알게 하시기를 구하노라 그의 능력이 그리스도 안에서 역사하사 죽은 자들 가운데서 다시 살리시고 하늘에서 자기의 오른편에 앉히사."

이는 예수님을 죽은 자 가운데서 일으킨 바로 그 능력이 우리 안에서 살아 역사하고 있으며, 따라서 우리에게는 믿음을 나눌 능력이 얼마든지 있음을 뜻한다.

"그가 어떤 사람은 사도로, 어떤 사람은 선지자로, 어떤 사람은 복음 전하는 자로, 혹은 목사와 교사로 삼으셨으니 이는 성도를 온전하게 하여 봉사의 일을 하게 하며 그리스도의 몸을 세우려 하심이라 우리가 다 하나님의 아들을 믿는 것과 아는 일에 하나가 되어 온전한 사람을 이루어 그리스도의 장성한 분량이 충만한 데까지 이르리니"라는 에베소서 4장 11~13절 말씀에서처럼 성경은 목사와 교사의 '임무'와 마찬가지로 복음 전도자의 '임무'가 있음을 명확히 언급한다.

이 구절에서 우리는 섬김의 사역을 위해 하나님께서 그리스도의 몸 된 교회를 준비하고 무장시키도록 목사와 교사와 전도자를 부르셨음을 알 수 있다.

하나님께서는 전도자에게 그리스도의 몸을 무장시키라고 명하셨다. 그러므로 나는 당신이 믿음을 나눌 수 있도록 당신을 무장시킴으로써 나의 임무를 수행할 수 있다. 어렵다는 이유로 전도하지 않는다고 변명할 수 없다는 사실을, 나는 전도자로서 꼭 말하고 싶다. 당신의 믿음을 나누는 일에 순종하면, 당신은 당신의 연약함에도 불구하고 하나님께서 당신을 '통해' 일하실 기회를 그분께 드리게 된다. 예수님은 우리에게 "가라!"고 명하셨다. 이것은 선택이 아니라 명령이다!

그런데 왜 우리는 우리의 믿음을 나누길 어려워하는가? 우리는 왜 그렇게 두려워하는가? 사람들이 믿음을 나누지 못하게 하는 여섯 가지 큰 두려움을 살펴보고, 그것들을 극복하는 방법을 찾아보자.

1. 거절당할까 봐 두려워요

거절보다 큰 아픔은 없다. 적어도 밥의 생각은 그렇다. 그는 거절당할까 봐 두려운 나머지 딸과의 모든 관계를 스스로 끊어버렸다. 밥은 15년 전에 아내와 이혼한 후로 사랑하는 딸 캐리를 한 번도 보지 못했다. 그는 딸이 자신을 보는 것 자체를 거부할 것이라고 생각해서 딸과 만나는 것을 두려워했다. 그래서 그는 딸에게 자신과 대면할 기회를 주지 않고 딸에게서 멀찍이 떨어져 있었다.

밥과 같은 사람이 어떻게 거절의 두려움을 극복할 수 있을까? 밥과 같은 사람이 어떻게 전도에 성공할 수 있을까? 성공적인 전도란 도대체 무엇인가? 중요한 사실은 전도는 경쟁이 아니라는 것이다. 이미 언급했듯이, 성공은 당신의 믿음을 나누며 예수 그리스도를 위해 사는 것이다. 성공은 누군가를 주님께 인도하는 것과는 전혀 상관이 없다.

우리는 '그들을 인도해야 한다'는 생각에서 벗어나야 한다. 사람들이 그리스도를 믿게 되는 것은 우리가 믿음을 강요해서가 아니다. 사람들이 그리스도를 믿게 되는 것은 하나님께서 우리를 사용하셔서 진리를 제시하시기 때문이다. 우리가 누군가를 그리스도께로 '인도' 했더라도 그들이 구원받지 못할 수도 있다. 전도자 D. L. 무디가 전도집회를 마치고 기차를 타고 가고 있었다. 그때 한 술주정뱅이가 그의 앞으로 와서 말했다. "무디 선생, 나도 당신의 회심자라오."

무디는 그의 눈을 똑바로 쳐다보고 말했다. "제가 보기에 당신은 저의 회심자가 아닌 것 같습니다. 당신은 그리스도의 회심자가 아닌 것이 분명하니까요."[1] 무디는 그 차이를 알고 있었다.

사람들이 당신의 메시지를 거부할 때 그들이 거부하는 것은 당신이 아니다. 그들은 예수님과 하나님의 말씀을 거부하는 것이다. 그러므로 당신은 순종했다면 실패한 것이 아니다. 당신의 메시지 전달이 어설프고 세련되지 못하더라도 하나님께서는 그 방법을 사용하실 수 있다. 그분이 사용하실 수 없는 것은 당신이 범하는 침묵의 죄이다.

나는 몇몇 사람들이 믿음을 이상한 방법으로 나누는 것을 보았다. 일례로 어떤 청소년 지도자와 그를 따르는 십대 아이들 몇이 관을 하나 샀다. 한 아이가 '죽은 사람'으로 분장해서 관에 들어갔다. 아이들은 관을 메고 시내로 나와 뉴올리언즈라는 그룹의 환락적인 노래에 맞춰 거리를 돌아다녔다. 사람들이 모이자 아이들은 관을 열어, 눈을 감고 두 손을 포개어 가슴 위에 얹은 '시체'를 보여 주었다. 그리고 목사 분장을 한 아이가 유창하게 말했다. "여기 착하게 살다간 존이 있습니다. 그는 낚시와 독서를 좋아했습니다."

그때 갑자기 시체 역할을 했던 사람이 눈을 뜨더니 관에서 뛰쳐나와 목사를 향해 소리쳤다. "왜 내게 천국에 들어가려면 거듭나야 한다는 말을 한 번도 해 주지 않았소? 왜 당신의 믿음을 나에게 한 번도 나눠주지 않았소? 왜 내게 그리스도를 따르겠다는 결심을 할 기회를 한 번도 주지 않았소? 나는 이제 당신 때문에 지옥에 가게 되었소."

드라마를 보던 사람들은 충격을 금치 못했고, 그때 아이들은 전도지를 나눠 주며 복음을 전하기 시작했다. 지켜보던 사람들 가운데 몇몇이 그리스도를 따르겠다고 결심했다.

나라면 시체 흉내를 내지는 않았을 것이다. 그렇지만 그 십대들 역시 복음을 나누는 데 충실했기 때문에 하나님께서는 그들의 엉뚱한 방법까지도 사용하셨다.

오늘 당신이 처음 만난 사람에게 당신의 믿음을 나누었지만, 그는 필요 없으니 귀찮게 하지 말라고 했다고 하자. 그렇다면 당신은 실패한 것인가? 결코 그렇지 않다. 당신은 복음을 전하라는 말씀에 순종했다. 이번에는 당신의 한 친구가 처음 만난 사람에게 자신의 믿음을 나누었는데, 그 사람이 복음을 듣고 반응했고 빌리 그레이엄에 비견할 만한 인물이 되었다고 하자. 그렇다면 그 공로가 당신의 친구에게 돌아가는가? 절대로 그렇지 않다.

순종한다면 하나님의 나라에서는 성공도, 실패도 없다. 사실, 이것은 당신의 신앙 생활에서 결코 실패할 수 없는 영역이다. 설령 당신이 어설프고 세련되지 못하며 적절치 못한 시점에 믿음을 나눈다 하더라도 하늘에 계신 아버지께서는 그러한 당신의 나눔을 사용하실 수 있다. 그분이 사용하실 수 없는 것은 당신의 침묵이다.

사도 바울은 그의 믿음을 나눌 때 "약하고 두려워하고 심히 떨었노라"(고전 2:3)고 했다. 그럼에도 불구하고 바울이 변화되었던 것은 그가 '갔고' 하나님께서 그를 사용하셨기 때문이다. 매를 맞고, 돌에 맞으며, 난파당하고, 뱀에 물리며, 벌거벗겨진 채 구덩이에 던져지는 것은 결코 즐거운 일이 아니었을 것이다. 그러나 바울은 자신이 치른 개인적인 희생에도 불구하고 '갔다'. 그가 갈 때마다 하나님께서는 성령으로 그에게 능력을 주셨다. 바울은 온갖 어려움에도 불구하고 고난을 기쁨으로 여길 수 있었던 것이다.

그리스도인에게 요구되는 삶이 바로 이런 것이다. 우리가 돌에 맞아 찢길지라도 하나님께서는 우리의 아픔을 기쁨으로 바꾸신다.

거절을 그렇게 두려워한다면 어떻게 우리의 믿음을 나누는 기쁨을 맛볼 수 있겠는가? 15년 동안이나 딸과 떨어져 지낸 밥의 이야기를 계속해 보자.

밥은 침묵의 죄에 대한 나의 설교를 듣고 결심했다. 그는 교회를 나서기 전에 사무실에서 딸에게 전화를 하기로 했다. 예배가 끝나고 나서 얼마 후, 그는 딸에게 전화해서 자신을 용서해달라고 했다. 그리고 하나님께서 자신의 삶을 어떻게 바꿔 놓으셨는지 이야기했다.

다음 날 저녁, 거절에 대한 두려움 때문에 십수 년을 떨어져 지낸 밥과 캐리 부녀는 마침내 만났다. 밥은 다시 한 번 딸에게 용서를 구했고 딸을 그리스도께로 인도했다. 이것이 바로 기쁨인 것이다.

자신의 믿음을 나누는 사람들 모두가 긍정적인 반응을 얻는 것은 아니다. 일례로 내성적인 한 청년이 자신의 믿음을 직장 동료와 나누기로 결심했다. 그가 설명했다. "제 믿음을 사라와 나누었습니다. 그러나 사라는 그리스도를 따르겠다고 결단하지 않았습니다. 그럼에도 불구하고 저는 전율을 느꼈습니다. 제 믿음을 그녀와 나눌 수 있었기 때문입니다. 믿음을 나누는 일이 이렇게 쉬운 줄 전혀 몰랐습니다."

로렌이라는 어떤 여자는 자신의 믿음을 가족과 나누었으나 "너나 믿어!"라는 퉁명스런 대답을 들었다.

나중에 그녀는 이렇게 말했다. "그래도 괜찮아요. 이것을 첫 번째 나눔으로 생각합니다. 아직 끝난 게 아니에요. 사람들은 보통 복음을 7.6번은 들어야 그 삶을 바꾸게 된다고 하잖아요. 저는 이제 시작에 불과한 걸요. 한 번 시도했으니 6.6번의 기회가 남았네요!"

2. 친구들이 어떻게 생각할지 두려워요

어느 날 저녁 세미나가 끝난 후, 60대 초반의 마르다가 나를 찾아왔다. 눈물을 흘리며 마르다가 말했다. "남편과 아이들이 구원받지 못했어요. 하지만 저는 용기가 없어서 그들에게 한 번도 복음을 전하지 못했습니다. 늘 식구들이 어떻게 생각할지 두려웠어요."

당신도 이런 이유로 침묵하는가? 곧 친구들이 어떻게 생각할지 두려운가? 그렇다면 한 가지 물어보자. 지금 그들은 당신을 어떻게 생각하는가? 당신은 다음 두 가지 중 하나를 선택할 수 있다. 당신의 믿음을 다른 사람들과 나누거나, 아니면 한 마디도 못하고 침묵하여 친구들이 지옥에 가는 것을 지켜볼 수 있다.

어떤 사람들은 "내 믿음을 나누면 친구들이 나를 핍박할까 봐 두려워요"라고 말한다. 그러나 예수님도 바로 그렇게 약속하셨다. "사람들이 나를 핍박하였은즉 너희도 박해할 것이요"(요 15:20).

하지만 이것이 나쁜 소식은 아니다. 마태복음 5장 10~12절은 우리가 핍박받을 때 두 배의 축복을 받을 것이라고 약속한다. "의를 위하여 박해를 받은 자는 복이 있나니 천국이 그들의 것임이라 나로 말미암아 너희를 욕하고 박해하고 거짓으로 너희를 거슬러 모든 악한 말을 할 때에는 너희에게 복이 있나니 기뻐하고 즐거워하라 하늘에서 너희의 상이 큼이라 너희 전에 있던 선지자들도 이같이 박해하였느니라."

당신이 그리스도인이라는 사실을 알면서도 당신의 복음은 이해하지 못하는 친구들이 얼마나 되는가? 당신의 많은 친구들이 아직 복음을 받아들이지 않았는가? 그들은 당신이 복음을 설명해 주기를 기다리고 있을 것이다.

크리스틴은 이것이 사실임을 깨닫고 깜짝 놀랐다. 그녀와 조엘은 20년이나 된 친구였다. 조엘은 크리스틴이 그리스도인이라는 것을 알았지만, 크리스틴은 한 번도 그에게 복음을 설명하지 않았다. 자신의 믿음을 나누는 방법을 배운 크리스틴은 설령 둘 사이의 우정이 끝난다 하더라도 조엘을 만나 복음을 전하기로 결심했다.

며칠 후, 크리스틴은 자신의 집 소파에 앉아 있는 조엘에게 이렇게 말했다. "조엘, 나의 종교가 무엇이고 내가 누구를 믿고 있는지 알고 있었지? 그런데 넌 어떠니? 누구를 믿니?"

마침내 크리스틴이 물었고, 조엘은 크리스틴에게 마음을 열었다. 크리스틴은 조엘에게 복음을 전했으며, 조엘은 자신의 삶을 주님께 드리기로 결심했다.

기쁜 소식이 또 하나 있다. 자신의 믿음을 가족과 한 번도 나눈 적이 없었던 마르다 할머니도 비전을 품었다. 세미나가 끝난 늦은 시간에 마르다가 내게 말했다. "오늘밤 저는 가족에게 예수님을 전할 용기와 자유를 얻었습니다. 가장 먼저 제 남편에게 전할 거예요!"

마르다와 앨버트 부부는 한 번도 영적인 문제로 대화한 적이 없었다. 그렇지만 마르다는 집으로 돌아가 다섯 개의 전도 질문을 던졌다. 마르다는 질문을 마친 후 성경을 펴서 남편에게 보여 주었다. 남편은 예수님을 영접했고 자신의 죄에 대해 용서를 구해야 한다는 것을 깨달은 순간 기쁜 마음으로 자신을 주님께 드렸다. 그 다음 주에 마르다와 앨버트 부부는 자녀들을 차례대로 찾아가 자신들의 믿음을 나누었다. 자녀들도 그리스도를 자신의 구주로 영접했다.

그 후, 앨버트는 휴가를 내어 마르다와 함께 여러 주를 다니면서 사랑하는 사람들과 자신들의 믿음을 나누고 그들을 예수님께로 인도했다.

3. 저의 믿음을 동료들과 나눌 수 없을 것 같아요

애리조나 주에 있는 한 작은 교회의 목사이자 전직 프로 권투선수였던 레이는 공사장에서 일한 적이 있었다. 그는 그리스도인이 되기 전에는 술집에서 싸움꾼으로 악명이 높았다. 그는 링 안에서나 밖에서나 늘 승리자였다. 그는 마침내 그리스도인이 되었고, 동료들은 믿음을 가진 그를 조롱했으며 하나님을 비웃기까지 했다. 레이는 다음과 같이 고백했다. "나를 조롱하는 사람들을 내가 그리스도인이 아니었던 때처럼 대하지 않으려고 얼마나 노력했는지 모릅니다."

레이는 대응하는 대신에 동료들을 위해 기도하고 그들에게 하나님을 경외하라고 경고하였다.

어느 날 레이는 두 명의 동료와 함께 비계(건축 공사 등 높은 곳에서 일할 수 있도록 나무나 쇠 파이프 등으로 얽어서 만든 시설 – 편집자 주) 위에서 페인트칠을 하고 있었다. 그때 갑자기 폭발이 일어났고 레이를 제외한 두 사람은 모두 비계에서 떨어져 화염에 휩싸였다. 레이는 비계에서 뛰어내려 자신의 옷으로 한 동료를 감싸고 불을 끄려고 노력했다. 레이가 자신을 조롱하던 동료를 품에 안고 있을 때 그 동료가 말했다. "자네가 내게 경고했었지. 그렇지 않은가?"

레이가 말했다. "그래, 내가 경고했었지."

동료는 그 자리에서 자신의 삶을 주님께 드렸다. 그날 밤, 레이는 병원으로 또 다른 희생자를 찾아갔다. 그는 섬기는 레이에게 얼마나 감동했던지 이렇게 물었다. "자네에게 그렇게 못되게 군 나를 어떻게 그토록 사랑할 수 있는가?"

병원에 있던 그 동료는 한 주 후에 퇴원하여 레이를 찾아왔으며 자신의 삶을 예수 그리스도께 드렸다. 지금은 두 사람 모두 레이의 교회에 출석하고 있다.

당신의 믿음을 동료들과 나누는 것이 중요한 일인가? 그렇다. 어쨌든 당신의 믿음을 그들과 나누라고 하나님께서 그들을 당신 앞에 두셨다. 나의 세미나에 참석했던 한 여성은 다음과 같이 말했다. "제 믿음을 어떻게 나누는지 알고 나니 새로운 확신이 생겼습니다. 직장에서 더 이상 제 자신을 부끄러워하지 않을 겁니다. 제가 믿음 때문에 핍박받을 때 그 두 배의 복을 얻는다는 것을 깨달았습니다. 하나님께서 제게 산 증인이 되는 기회를 주셨습니다. 당신의 인용문 중에서 '항상 복음을 전하라. 그리고 필요할 때 말을 사용하라'라는 아시시의 성 프란시스의 말이 특히 좋았어요."

직장에서 복음을 전하기 위해 따로 시간을 낼 필요는 없다. 4장에 제시될 다섯 개의 '전도 질문'을 던지기만 하면 된다. 잠시 시간을 내면 다섯 개의 질문을 던질 수 있을 것이다. 자유롭게 질문하면서 동료가 복음에 마음이 열려 있는지 보라. 동료의 마음이 열려 있다면 그와 점심식사를 하거나 그를 집이나 교회로 초청하여 복음을 전하라.

직장에서 '근무 시간에 믿음을 나누지 말라'는 나의 규칙에는 언제나 예외가 있는데, 상대방이 사장일 때 특히 그렇다. 일례로 수년간 랜들의 비서로 일한 로이스의 예를 들 수 있다. 로이스는 다음과 같이 말했다. "제가 그리스도인인 줄 안 사장님은 저를 괴롭혔습니다. 어느 월요일 아침에는 '어제도 교회에 가서 잡일을 하고 왔나?' 하고 묻기도 했습니다. 그 말에 저는 '사장님, 잡일이라니 그게 무슨 말씀이세요?'라고 되물었습니다. 그러자 사장님은 '자네들이 하는 게 잡일이 아니면 뭔가?'라고 응수했고, 저는 '제가 어젯밤에 배운 걸 보여 드릴게요'라고 말했습니다."

로이스는 자리에 앉아 세미나에서 배운 다섯 개의 '전도 질문'을 사장에게 제시하고 성경 구절을 찾아 그에게 읽어 주었다. 랜들 사장은 바로 그 자리에서 자신의 삶을 주님께 드렸다. 로이스는 다음과 같이 증언했다. "지금 사장님은 제 남편에게 제자훈련을 받고 있으며, 회사에서 우리는 매일 아침 함께 기도하는 것으로 하루를 시작합니다."

4. 아는 것이 충분치 않아서요

당신은 때때로 아는 것이 별로 없어서 믿음을 나눌 수 없다고 생각하는가? IQ가 상위 1% 안에 들고 1분에 1,250개의 단어를 읽으면서도 그 내용을 생생히 기억하는 네이트와 같은 사람과 당신의 믿음을 나눈다고 생각해 보라.

그는 매우 똑똑해서 천재들을 대상으로 하는 멘사 시험에서 가장 높은 점수를 받았을 뿐 아니라 시험을 치면서 문제가 잘못됐다는 것까지 집어낸 사실을 생각해 보라.

네이트는 힘든 상대였다. 그는 20년 동안 무신론자였을 뿐 아니라 종교를 헐뜯는 것이 취미였다. 하나님께서는 네이트의 삶에 어떤 부류의 사람을 보내셨을 것 같은가? 천재 동료를 보내셨을까? 노벨상 수상자를 보내셨을까? 조시 맥도웰 같은 설교자를 보내셨을까?

아니다. 하나님께서는 북미 인디언의 한 종족인 블랙푸트 족으로 간신히 고등학교만 졸업한 존을 그에게 보내셨다.

군복무 중이던 네이트가 우연히 존과 같이 버스를 타게 된 것이다. 병사들이 존의 성경을 차창 밖으로 내던지며 계속 존을 놀렸다. 그때마다 존은 불평 한 마디 하지 않고 버스에서 내려 성경을 다시 주워 왔다.

네이트가 존에게 물었다. "왜 못된 놈들이 널 괴롭히는데도 가만히 있는 거냐?"

존이 대답했다. "저는 그리스도인입니다."

네이트는 그때까지 한 번도 기독교 신앙을 공격해 본 적이 없었다. 그는 다른 종교들은 모두 성공적으로 무너뜨렸다. 그러나 기독교는 그에게 쉬운 상대가 아니었다. 그래서 그는 단순하기 이를 데 없는 이 믿음의 사람에게 도전하기로 했다.

네이트가 물었다. "그러니까 너는 고래 입에서 사람이 튀어나왔다는 걸 믿는다는 거냐?"

단순한 믿음의 사람이 대답했다. "네, 그렇습니다."

네이트가 다시 물었다. "왜 그렇게 믿나?"

존이 대답했다. "성경이 그렇게 말하기 때문입니다."

네이트가 존에게 어떤 질문을 던지든지 존은 "예" 또는 "아닙니다"로 대답하면서 "성경이 그렇게 말하기 때문입니다"라고 덧붙였다. 네이트의 놀라운 지성도 존의 믿음을 흔들 수 없었다. 이 사실이 네이트에게 충격이었다. 그날 밤 그는 집으로 돌아와 이웃에게 성경책을 빌렸고 주말에 다 읽어버렸다.

욥기 5장 9절 말씀이 네이트의 가슴에 강하게 와 닿았다.

"하나님은 헤아릴 수 없이 큰 일을 행하시며 기이한 일을 셀 수 없이 행하시나니."

네이트는 이 진리를 무시할 수 없었으며, 이 진리가 그의 삶을 바꾸어 놓았다. 지금 네이트는 내가 아는 최고의 기독교 변증가 가운데 한 사람이다. 어떻게 이런 일이 일어날 수 있었는가?

고등학교만 졸업했지만 단순한 믿음의 사람인 존은 "이는 힘으로 되지 아니하며 능력으로 되지 아니하고 오직 나의 영으로 되느니라"(슥 4:6)는 말씀을 믿었기 때문이다.

"아는 게 별로 없어서요"라고 변명하는 사람들은 대개 믿은 지 10년 이상이 된 사람들이다. 나는 이렇게 변명하는 사람들을 보면 다음과 같이 말해 주고 싶다. "문제는 당신이 가만히 앉아 정보를 축적만 한 나머지 영적으로 막혔다는 데 있습니다. 축적한 정보의 상당량을 버려야 할 필요가 있습니다."

5. 친구와 친지들을 잃을까 봐 두려워요

내가 한 목장을 찾았을 때 공구 체인점을 하는 필립이 하나님에 관해 물었다. 내가 앉아서 그에게 복음을 전하자 그는 노란 메모지를 꺼내 메모를 하기 시작했다. 내가 말을 끝냈을 때 필립이 적은 것이라고는 두세 문장뿐이었다.

그가 나를 보면서 말했다. "너무 간단하네요."

내가 물었다. "왜죠?"

필립은 잠시 생각하더니 이렇게 물었다. "하나님께서 저의 사업을 어떻게 하실까요?"

나는 하나님께서 필립에게 복을 주실지 아니면 그를 파산시키실지 알지 못했다. 그래서 '왜'의 원리를 적용하면서 필립에게 물었다. "필립, 왜 그러세요? 사업에 무슨 문제라도 있나요?"

그는 잠시 생각에 잠기더니 다시 물었다. "저의 어머니는 어떻게 되나요?"

나는 우리가 매우 중요한 문제에 이르렀음을 깨달았다. 필립은 자신의 어머니가 그리스도를 믿지 않는 종교의 신자라고 했다. 그리고 필립의 어머니는 필립이 그리스도를 구주로 영접하면 모자의 인연을 끊겠다고 하셨다고 했다.

필립의 이야기를 듣고 나는 마태복음 10장 37, 38절을 펴서 그에게 보여 주며 소리 내어 읽어 보라고 했다.

필립은 소리 내어 읽었다. "아버지나 어머니를 나보다 더 사랑하는 자는 내게 합당하지 아니하고 아들이나 딸을 나보다 더 사랑하는 자도 내게 합당하지 아니하며 또 자기 십자가를 지고 나를 따르지 않는 자도 내게 합당하지 아니하니라."

내가 물었다. "성경이 뭐라고 말씀하나요?"

그가 나를 보고 대답했다. "어머니 걱정은 나중에 할게요." 그리고 그는 그리스도를 자신의 구주로 영접했다. 그는 12년 넘게 한 교회의 집사로 봉사하고 있다.

우리가 우리의 믿음을 친구나 가족과 나눌 때 행복한 결말이 보장되는가? 성경에 따르면, 예수님은 분쟁을 일으키러 오셨다. 그분은 다음과 같이 말씀하셨다. "내가 세상에 화평을 주려고 온 줄로 아느냐 내가 너희에게 이르노니 아니라 도리어 분쟁하게 하려 함이로라 이후부터 한 집에 다섯 사람이 있어 분쟁하되 셋이 둘과, 둘이 셋과 하리니 아버지가 아들과, 아들이 아버지와, 어머니가 딸과, 딸이 어머니와, 시어머니가 며느리와, 며느리가 시어머니와 분쟁하리라"(눅 12:51~53).

당신의 삶을 그리스도께 드릴 때 당신은 현재의 모든 관계를 희생해야 할지도 모른다. 당신은 진정으로 자기 자신에 대해 죽고 그리스도를 따르며 사랑하는 사람들을 남겨두고 떠나야 한다.

머리는 신자가 되었다. 머리의 부모님은 그가 그의 종교를 집에 들이면 집에 발도 들여놓지 못하게 하겠다고 엄포를 놓으셨다. 그럼에도 불구하고 머리는 자신의 믿음을 부모님과 나누기로 결심했다.

부모님을 찾아가는 길에 잠시 들른 머리와 나는 함께 기도했다. 기도가 끝난 후, 젖은 눈으로 그가 나를 보며 물었다. "윌리엄, 저에겐 선택의 여지가 없어요. 그렇죠?"

나는 그렇다고 했다.

머리가 다시 말을 이었다. "침묵의 죄에 머물러 아무 말도 못한 채 복음을 듣지 못한 부모님이 심판받는 것을 지켜보거나, 아니면 부모님께 영원히 쫓겨나거나 둘 중의 하나를 선택할 수밖에 없어요."

나는 그렇다고 고개를 끄덕였다.

그는 잠시 생각에 잠기더니 이렇게 말했다. "어떻게 해야 하는지는 분명해요."

"그렇습니다"라고 나는 대답했다.

그래서 그는 갔고 모든 위험을 감수했다. 가족과의 단절도 감수했다. 다행히 그의 이야기는 행복하게 끝났다. 부모가 모두 그리스도를 영접했을 때, 머리는 기뻐서 어쩔 줄 몰랐다. 그러나 결과가 전혀 다르게 나올 수도 있었다. 머리는 개인적인 희생에도 불구하고 기꺼이 기회를 잡지 않았던 것이다.

6. 방법을 몰라서요

셰리는 자신의 믿음을 부모님과 나누기로 결심하고 편지를 썼다. 그리고 텍사스 행 비행기에 올랐다. 그러나 그녀는 부모님이 공항에서 그녀를 배웅할 때 자신의 믿음을 부모님과 나누지 않은 것을 깨닫고 울음을 터뜨렸다. 어머니 도나가 딸에게 물었다. "얘야, 무슨 일이니?"

셰리가 말했다. "제가 온 것은 제 인생에서 가장 중요한 것을 엄마, 아빠 두 분께 말씀드리기 위해서였어요. 그런데 지금까지 말씀드리지 못했어요."

그녀의 말에 어머니가 물었다. "우리에게 보낸 그 편지 말이냐?"

셰리는 고개를 끄덕였다.

어머니는 셰리의 아버지를 보면서 말했다. "여보, 불쌍한 딸에게 기회를 줍시다."

그러나 셰리는 몹시 당황해서 성경을 펼치고도 하염없이 눈물만 흘렀다. 그녀는 말을 하려 했지만 훌쩍거리면서 두서없이 중얼거리기만 했다.

당신도 셰리처럼 언제나 믿음을 나누고는 싶지만 전혀 방법을 모를 수 있다. 일단 이 책에 설명된 방법을 배운다면 당신은 믿음을 나누는 일이 매우 쉽다는 것을 알게 되고, 이런 방법을 좀 더 일찍 알았으면 좋았으리라고 아쉬워할 것이다.

여섯 달이 지났다. 셰리는 '담대하게 예수님을 전하라'(Share Jesus without Fear)는 설교를 들었다. 그녀는 부모님께 전화를 걸어 배운 대로 복음을 전할 수 있었다.

그녀의 부모님은 이미 예수님을 믿고 있다고 했다. 그러나 셰리는 부모님의 삶에서 아무런 증거도 발견할 수 없었으며, 따라서 두 분의 믿음이 뿌리를 내렸는지 확신할 수 없었다. 그래도 셰리는 다음과 같이 확신했다. "부모님께 복음을 전하고, 두 분이 적어도 진리를 인정하시게 할 수 있었어요. 이제 시작이에요."

최근에 카렌과 샤론이라는 젊은 여성 둘이 예배가 끝난 후 나를 찾아와서 말했다. "윌리엄 씨, 저희를 위해 기도해 주시겠어요? 암으로 죽어가는 아버지를 만나러 병원에 갈 거예요. 몇 번이나 우리의 믿음을 아버지와 나누려 했지만 소용이 없었어요. 그렇지만 오늘 배운 것은 아주 쉬운 듯해요. 그래서 다시 해보려고 합니다."

며칠 후 카렌이 전화를 해서 말했다. "아버지를 그리스도께 인도했어요. 그뿐만이 아니에요. 저희의 대화를 듣고 있던 같은 병실의 환자가 '저는 어떻게 되나요?'라고 물었고, 이내 그리스도를 영접했어요! 이제는 저희가 실패할 수 없다는 것을 깨달았어요. 그로 인해 저는 이전에는 전혀 알지 못했던 하나님의 기쁨을 경험하고 있어요."

변명하지 말라

많은 사람들이 경험한 기쁨을 당신도 맛보고 싶은가? 그렇다면 당신의 믿음을 나누지 않고 변명하는 일은 이제 없어야 한다. 지상 명령에 순종해야 한다. 순종한다면 당신이 사랑하는 사람들의 삶에 영향을 미치며 성령께서 그들을 그리스도께로 인도할 기회를 주실 것이다. 뿐만 아니라 당신 자신도 하나님과의 새롭고 깊은 관계를 경험하게 될 것이다. 어쨌든 하나님께서는 "내가 반드시 너와 함께 있으리라"(출 3:12)고 약속하셨다. 당신과 같이 순종하며 자신의 믿음을 나누는 평범한 사람을 통해 하나님께서 어떤 일을 이루실지 기대해 보라.

제4장
말문을 여는 다섯 가지 전도 질문

콜로라도 원저 출신의 코치 데이브 니콜이 생각난다. 데이브는 우리와 같은 많은 사람처럼 자신의 믿음을 다른 이들과 나누는 일에서 만족을 찾게 되었다. 그의 교회는 성도들이 잃어버린 자들에 대해 열정과 안타까운 마음을 갖도록 기도하기 시작했다. 그런데 그로부터 며칠 후, 데이브가 근무하는 고등학교의 남학생 둘이 파티 중에 일어난 끔찍한 사고로 인해 목숨을 잃었다. 그 다음 날, 하나님께서 데이브의 마음을 감동시키셨다. 데이브는 침묵의 죄가 더 이상 자신의 삶에서 자리를 잡지 못하게 하기로 결심했다.

그로부터 얼마 후, 데이브는 졸업하는 학생들에게 책을 선물할 기회를 갖게 되었다. 그는 십대 학생들의 집으로 찾아가서 그들에게 복음을 전할 기회를 얻었다. 하나님의 은혜와 데이브의 결단과 순종으로, 원저에서만 70명이 넘는 사람들이 그리스도를 구주로 영접했다.

데이브는 증언한다. "지금까지 여러 방법으로 저의 믿음을 나누었지만 '두려움 없이 예수님을 전하기'가 가장 쉬웠습니다. 저는 그저 질문을 던지고 성경 구절을 보여 주기만 하면 됩니다. 이것은 주고받는 과정입니다. 제가 질문을 던지면 사람들은 자신의 마음을 나눕니다. 그들의 이야기를 들은 후에 성경 구절을 제시하면 성령께서 그들의 마음을 변화시키십니다. 그러면 믿을 수 없을 만큼 놀라운 결과가 일어납니다."

데이브가 할 수 있다면 당신도 할 수 있다. 당신에게 필요한 것은 단지 바른 질문이 무엇인지 아는 것이다.

대화를 시작하기 위한 질문

한 사람이 복음을 받아들이기까지 평균 7.6회에 걸쳐 복음을 들어야 한다고 앞에서 언급했었다. 어떤 사람이 7.6회의 복음을 들었는지 어떻게 알 수 있는가? 우리가 하나님과 함께 일할 수 있도록 하나님께서 지금 어디쯤에서 역사하고 계시는지 알아보기 위한 질문을 던지지 않는 한 알 수 없다.

이러한 탐지를 위해 질문하는 것은 육류 온도계를 사용하는 것과 매우 비슷하다. 집에서 요리를 한다고 생각해 보라. 고기를 구울 때 사람들은 고기 속이 얼마나 익었는지 알아보려고 육류 온도계를 사용한다. 그렇게 하지 않으면, 고기의 두께가 일정치 않고 오븐의 온도도 시시각각 변하기 때문에 고기가 잘 익었는지 알 수 없기 때문이다.

그렇다고 온도계를 들고 다니면서 사람들에게 "요리 중이세요?"라고 물을 수는 없다. 그러나 하나님께서 역사하고 계시는지, 사람들의 마음이 열려 있는지 알아보기 위해 대화에 질문을 하나 끼워 넣을 수는 있다. 예를 들면 어떤 여성과 이야기를 나누고 있다면 그녀에게 다음과 같이 물을 수 있다. "요즘 여성들이 겪는 가장 큰 문제가 뭐라고 생각하세요?" 나는 때로 농담 삼아 "설마 '남자'라고 대답하지는 않겠죠?"라고 덧붙이기도 한다.

그녀는 웃으면서 시간의 압박이라고 대답할지 모른다.

그러면 나는 이렇게 말한다. "그래요. 사회가 여성들에게 어느 순간에는 엄마가 되길 원하다가 다음 순간에는 직장인이 되길 요구하지요. 요즘 같은 세상에서 여성들이 어떻게 두 가지 일을 다 할 수 있는지 모르겠어요. 그건 그렇고, 신앙을 갖고 계신가요?"

분위기가 바뀌는 것을 눈치 챘는가? 하나님께서 역사하고 계시는지 알아보기 위해 앞으로 살펴볼 다섯 개의 전도 질문 가운데 하나를 대화 중간에 끼워 넣을 수 있다. 영적 온도계를 끼워 넣는 것이 얼마나 간단하고 쉬운지 이제 알겠는가?

우리는 "신앙을 갖고 계세요?"라는 질문을 던짐으로써 우리가 원하는 쪽으로 대화의 방향을 바꿀 수 있다. 우리는 예수 그리스도의 복음을 향해 가고 있다.

때때로 나는 남성들에게 "좋아하는 스포츠가 무엇입니까?"라고 묻는다.

상대방은 "풋볼이요"라고 대답할 때가 많다.

그러면 나는 이렇게 말한다. "몇몇 선수들이 엄청난 돈을 버는 걸 보면 정말 놀라울 뿐입니다. 그런데 그런 선수들이 마약에 빠지거나 가정에서 폭력을 행사하는 것을 심심찮게 봅니다. 당신은 한 인간의 삶이 완벽해지려면 얼마나 많은 돈이 필요하다고 생각하나요?"

이 질문을 받은 남성 대부분은 "아주 많이 있어야겠죠"라고 대답한다.

그러면 나는 이렇게 대답한다.

"그래요. 정말 많이 있어야 할 겁니다. 그런데 혹시 신앙을 갖고 계신가요?"

우리는 스포츠 이야기를 하다가 질문 하나를 함으로써 영적인 문제로 옮겨간다.

대화를 이끌어 내기 위해 내가 즐겨 사용하는 질문이 또 하나 있다. "그런데 혹시 교회에 다니시나요?"이다.

이렇게 물으면 상대방은 "제 사촌이 네브라스카에서 목회를 하고 있습니다"라거나 "건물이 크고 하얀 교회에 다니는데 이름은 생각이 안 납니다"라는 식으로 대답할 때가 많다. 나는 이런 대답을 들으면 조금 화가 난다.

언젠가 나는 알래스카의 한 레스토랑에서 다음과 같이 질문한 적이 있다. 웨이트리스가 나의 잔에 커피를 다시 채워 줄 때 물었다. "혹시 교회 다니세요?"

그녀는 얼굴이 빨개졌다. 저러다가 기절하지는 않을까 하는 걱정마저 들었다. 그러나 그녀는 몇 걸음 뒤로 물러서더니 "지난 몇 주 동안 줄곧 그 생각을 하고 있었습니다"라고 대답했다. 빙고! 우리는 바로 영적인 대화로 들어갔다.

한번은 비행기 안에서 내 옆 자리에 여자 승객이 앉아 있었다. 내릴 때가 다 되었을 때 내가 그녀에게 물었다. "여기가 최종 목적지세요?"

"예"

"무슨 일을 하세요?"

"휴즈 항공사에서 엔지니어로 일해요."

"아주 좋은 회사에 근무하시네요. 그런데 혹시 교회 다니십니까?"

"콥트가톨릭교회에 다닙니다."

비행기가 착륙하기까지 불과 2분 30초밖에 여유가 없었다.

그때 나는 한 번도 해본 적이 없는 질문을 했다. "콥트가톨릭교회의 성도들은 어떻게 구원받나요?"

그녀는 나를 보며 말했다. "저도 그게 늘 궁금했어요."

이런! 여기 7.6번째 복음을 듣는 사람이 있는데 안타깝게도 시간이 없었다. 그런데 갑자기 기장이 안내 방송을 했다. 나는 구원받을 수 있는 방법을 말해 주고 싶었고, 그녀는 계속해서 나의 이야기를 듣고 싶어 했다. 그러던 차에 안내 방송을 듣고 나는 쾌재를 불렀다. 주권자이신 하나님께서 다스리고 계셨던 것이다. 기장이 이렇게 말했다. "신사, 숙녀 여러분 대단히 죄송합니다. 지금 게이트로 접근할 수 없게 되었습니다. 게이트에 다른 비행기가 있어서 대기 장소로 이동하겠습니다."

그녀는 소리 내어 웃었고 나는 미소를 지었다. '주님, 당신이 다스리시는군요.' 시간은 충분했다. 나는 나의 믿음을 나눌 수 있었고 그녀가 그리스도를 영접하는 것을 볼 수 있었다.

대화를 이끌어내기 위한 이러한 질문들은 대화 주제를 하나님께 향하도록 도와준다. 다른 방법이 더 필요하다면 이렇게 해보라. 이웃이나 친구, 친지에게 가서 이렇게 말하라. "제가 다섯 가지 질문을 할 텐데 대답해 주시겠어요?"

다음 순간, 당신은 당신의 믿음을 나누고 있을 것이다.

다섯 가지 전도 질문

어느 날 나는 한 레스토랑에서 존과 만났다. 존과 함께 온 친구가 나를 그에게 소개했다. 대화가 조금 오간 후에 내가 존에게 물었다. "신앙을 갖고 계세요?"

그러자 존이 대답했다. "예. 지금까지 여러 종교를 경험해 봤어요. 가톨릭교회에 다녀 봤고, 크리스천 사이언스에도 나가 봤고, 세계의 여러 종교들에 대해 공부도 했어요."

"음! 그렇다면 예수 그리스도가 누구라고 생각하세요?" 내가 물어보았다.

"세상을 바꾸려 했던 착한 사람이었고, 선생이었으며, 선지자였던 것 같아요."

"그러면 천국과 지옥이 있다고 생각하세요?" 내가 다시 물었다.

그러자 존은 "모르겠어요. 때로는 이 세상이 지옥처럼 느껴져요"라고 대답했다.

나는 미소를 짓고 물었다. "당신이 죽는다면 어디에 갈까요?"

존이 대답했다. "저 위에 뭔가 있다면 그곳으로 가고 싶습니다."

"왜 하나님이 당신을 천국에 들여보내야 하나요?"

"기본적으로 저는 도덕적으로 살았거든요"라고 존이 대답했다.

나는 회심의 미소를 지으면서 말했다. "당신이 믿는 것이 진리가 아니라면 진리를 알고 싶으세요?"

"물론이죠" 하고 존이 대답했다.

그 다음에 무슨 일이 있었는지 주목하라. 내가 질문을 끝냈을 때 존은 나의 믿음을 자신과 나누도록 허락했다. 나는 나의 믿음을 존과 나누었다. 무엇보다도 기쁜 것은 존이 그리스도를 구주로 영접하고 지금까지 8년 넘게 예수님과 동행하고 있다는 사실이다.

존과 내가 싸우지 않은 이유가 뭐라고 생각하는가? 왜 우리는 세계의 종교들을 놓고 지식인들과 논쟁하지 않았는가? 어떻게 논쟁을 피했는가?

그것은 내가 그에게 질문을 던졌기 때문이었다.

질문하는 것이 어째서 효과적인가? 첫째, 대부분의 사람들은 거의 모든 주제에 대해 나름대로의 견해를 가지고 있으며 그것을 이야기하기를 좋아한다. 둘째, 질문을 함으로써 상대방이 방어적인 자세를 취하지 않게 하면서 상황을 주도할 수 있다.

질문을 할 때는 절대로 당신의 생각에 동의하도록 강요하지 말고 친절하게 해야 한다. 그런 다음에는 가만히 앉아서 상대방의 대답에 귀를 기울이기만 하면 된다.

'음'의 원리

나는 이런 질문들을 할 때 상대방이 뭐라고 말하든 절대로 대답하지 않는다. 나는 그저 "음"이라고 소리를 내며 반응을 보일 뿐이다. 결혼한 사람들이라면 잘 알듯이 그저 "음" 소리만 내는 사람하고 논쟁하기는 어렵다.

그렇더라도 여기에 적용되는 원칙이 하나 있다. 이 원칙은 당신이 정말 관심이 있다면—정말 상대방을 사랑한다면—상대방의 말을 집중해서 들으라는 것을 상기시킨다. 상대방의 말을 귀 기울여 들을 때, 당신은 성령의 능력으로 상대방이 외로움, 공허, 고통, 분노와 같은 문제들을 토로하고 있는지 알 수 있다. 당신은 상대방의 마음이 하나님께 얼마나 가까운지 분별할 수 있을 것이다.

다섯 개의 전도 질문은 다음과 같다.

1. 신앙을 갖고 계신가요?
2. 당신에게 예수 그리스도는 누구신가요?
3. 천국과 지옥을 믿습니까?
4. 당신이 죽으면 어디로 갈까요? 만약 천국에 간다면 그 이유는 무엇일까요?
5. 당신이 믿는 것이 진리인지 아닌지 알고 싶습니까?

이러한 질문들은 깔때기의 역할을 한다. 마음이 끌리는 대로 어느 질문을 먼저 해도 좋다. 나는 먼저 분위기를 부드럽게 해 주는 질문을 한다.

1. 신앙을 갖고 계신가요?
나는 결코 "하나님을 믿으세요?"라고 묻지 않는다. 상대방은 보통 그러한 질문을 무례하다고 생각할 것이기 때문이다. 상대방은 하나님에 대한 자신의 믿음은 나와 아무런 상관이 없다고 생각할 것이다. 그렇더라도 대부분의 사람은 자신의 생각을 말하는 것을 좋아하며, 따라서 신앙에 관한 질문에 대답하는 것을 좋아한다.

신앙과 관련된 질문에 2초 내에 대답을 끝내는 사람이 있는가 하면 10분이 넘게 대답하는 사람도 있다. 대답의 길이는 중요하지 않다. 중요한 것은 상대방이 자신의 영적인 마음을 열 때 당신이 귀 기울여

듣느냐는 것이다.

어느 패스트푸드점에서 줄을 서서 차례를 기다리던 때가 생각난다. 내 앞에 있던 여성은 뉴에이지와 밀교를 연상시키는 장식물을 하고 있었다. 나는 궁금증을 참지 못하고 그 여성에게 물었다. "왜 이런 것들을 하고 다니십니까?"

그 여성은 자신이 무당이라고 했다. 나는 "커피 한 잔 할 시간 있으세요?" 하고 물었다.

"물론이죠."

나는 커피를 놓고 그 여성과 마주앉아 "신앙을 갖고 계신가요?" 하고 물었다.

그녀는 20분이 넘도록 마법에 대한 자신의 믿음을 설명했으며 나는 그저 "음"이라는 반응만 보였다.

A형 행동 양식의 사람인 나는 그녀의 잘못된 생각을 고쳐 주고 싶어 좀이 쑤셨다. 그러나 사랑하는 마음으로 인내하면서 그녀의 말을 다 들었다. 나는 20분간 이야기하는 무당에게든, "예, 신앙이 있어요"라고 간단히 대답하는 사람에게든 대꾸하지 않는다. 그저 다음 질문을 할 뿐이다.

2. 당신에게 예수 그리스도는 누구신가요?
이 질문을 통해 종교적인 사람들과 관계적인 사람들을 구분할 수 있다. 종교적인 사람들은 대개 다음과 같이 대답한다. "예수님은 하나님의 아들이거나 십자가에서 돌아가신 사람이지요. 그분은 하나님의 독생자이십니다."

이것은 신학적으로 정확하지만 매우 비인격적인 대답이다.

내가 기대하는 대답은 다음과 같다. "그분은 '나의 주님'이시며 '나의 구주'이십니다."

당신은 '나의'라고 말할 수 있는가? 당신의 대답은 당신이 그리스도와 인격적인 관계에 있는지 보여 준다.

3. 천국과 지옥을 믿습니까?

어떤 여성이 우리 집에 와서 무엇인가를 팔려고 했다. 그 여성이 집에 들어왔을 때 내가 가장 먼저 던진 질문은 "천국과 지옥을 믿습니까?"였다.

"전혀 안 믿습니다"라고 그 여성은 대답했다.

나는 그 다음 질문을 했다.

4. 당신이 죽으면 어디로 갈까요? 만약 천국에 간다면 그 이유는 무엇일까요?

그녀는 "물론, 천국이지요"라고 대답했다. 그녀는 방금 전에 자기 입으로 천국을 믿지 않는다고 했다. 그런데 다음 순간 자신이 죽으면 천국에 갈 것이라고 말한다. 정말 재미있지 않은가? 그 여성이 이렇게 대답한 것은 그녀의 신앙이 '머리'에서 '가슴'으로 내려왔기 때문이다.

이어서 다음 질문을 하나 더해도 좋을 것이다. "왜 하나님이 당신을 천국에 들여보내셔야 하나요?"

이 질문은 마지막 질문으로 이어지며, 그 마지막 질문을 통해 당신이 원하는 방향으로 대화를 이끌 수 있다. 그리고 성경을 펼쳐 말씀을 상대방과 나눌 수 있다.

5. 당신이 믿는 것이 진리인지 아닌지 알고 싶습니까?

이것은 중요한 질문이다. 사람들은 올바른 정보를 알지 못하기 때문에 기회를 놓칠까 봐 두려워한다. 이 질문에 대한 대답은 "예" 또는 "아니오" 둘 중의 하나일 것이다. 상대방이 "예"라고 대답한다면, 그것은 다음 단계로 넘어가도 좋다는 허락이다. 당신이 깜짝 놀랄 만한 사실이 있다. 16년 동안 이 질문을 하면서 나는 한 번도 "아니오"라는 대답을 듣지 못했다.

좀 더 분명히 말하면 이렇다. 내가 누군가에게 "당신이 믿고 있는 것이 진리가 아니라면, 진정한 진리를 알고 싶습니까?"라고 물으면 상대방은 강한 어조로 "아니오!"라고 대답할 수도 있다.

그러면 나는 침묵한다. 그러나 다음 순간 상대방은 이렇게 말한다.

"윌리엄, 제게 가르쳐 주시겠어요?"

그러면 나는 다음과 같이 대답한다.

"알고 싶어 하지 않는 줄 알았습니다."

대부분의 경우 이 말에 대해 상대방은 "아니오. 알고 싶습니다"라고 반응을 보인다. 그러면 나는 다시 시작한다. 성경을 펼쳐 구절을 가리키며 상대방이 읽게 한다. 여기에 대해서는 다음 장에서 다루기로 하겠다.

필요에 따라 질문하라

명심하라. 대화를 이끌어내기 위한 질문을 생략하고 다섯 개의 전도 질문 가운데 하나로 바로 들어갈 수도 있다. 이를 테면 얼마 전에 나는 전도 질문 가운데 하나를 던짐으로써 상대방이 이미 7.6번째에 이르렀다는 것을 알았다.

나는 공항에서 항공사 여직원에게 다가가 이렇게 말했다. "콘티넨탈 항공사 직원에게 문의하는 일은 언제나 즐겁습니다."

여직원은 안경 너머로 나를 주시하더니 이렇게 물었다. "무엇을 알고 싶으세요?"

"저는 호기심이 참 많습니다. 당신이 지금 죽으면 어디로 갈까요?" 하고 물었다.

그녀는 얼굴이 환해지더니 이렇게 말했다. "제가 들은 말 중에서 가장 중요한 질문이네요."

하나님께서 그녀의 삶 속에서 역사하고 계시다는 사실을 나는 너무나 간단하게 발견할 수 있었다. 하나님과 함께하면서 나의 믿음을 그 여직원과 나눈 것은 큰 특권이자 즐거움이었다. 나는 그 여직원 옆에 앉아서 복음을 전했으며, 그녀가 그리스도께 마음을 여는 것을 보면서 전율했다.

당신은 실패할 수 없다

당신은 다섯 가지 질문을 제시하면서 사람들이 마음을 여는 것을 보고 놀랄 것이다.

그러나 기억하라. 당신이 복음을 전하는 동기는 하나님과 사람들에 대한 사랑이어야 한다. 복음을 전하는 일은 당신이 하는 것이 아니다. 이것은 성별(聖別)과 예수 그리스도를 믿는 믿음의 행위이다. 전도할 기회를 달라고 매일 기도하라. 예수님이 아버지께서 일하시는 곳이면 어디서나 일하셨듯이 당신도 그렇게 해야 한다.

"…예수께서 그들에게 이르시되 내가 진실로 진실로 너희에게 이르노니 아들이 아버지께서 하시는 일을 보지 않고는 아무것도 스스로 할 수 없나니 아버지께서 행하시는 그것을 아들도 그와 같이 행하느니라"(요 5:19).

앞으로의 한 주를 생각하면서 이렇게 물어라. "아버지, 당신이 어디서 일하고 계십니까? 제가 어디에서 당신과 함께할 수 있습니까?"

당신의 영적 온도계를 꺼내 '전도 질문' 하나를 상대방과의 대화에 끼워 넣어라. 하나님께서 역사하고 계심이 감지되었다면 상대방에게 '전도 구절'을 보여 줌으로써 그분과 동역하라. 그러나 상대방의 반응이 어떠해도, 죄인의 기도의 단계로 넘어가지 못했다고 해도 결코 실망하지 말라. 당신은 결코 실패할 수 없기 때문이다. 기억하라. 성공이란 당신의 믿음을 나누며 그리스도를 위한 삶을 사는 것이다. 누군가를 주님께 인도하는 것과는 상관이 없다.

두려움을 극복하라

당신은 머리와 마음으로 "저의 믿음을 나누는 것이 두려워요"라고 말하고 있을지도 모른다.

그렇더라도 괜찮다. 사도 바울은 크게 두렵고 약하며 떨리는 가운데 자신의 믿음을 나누러 갔다. 어쨌든 그는 갔다. 두려움이 완전히 사라질 것이라고 약속하지는 않겠다. 그러나 두려움이 줄어들 것이다. 약속컨대 당신이 믿음을 나누면 하나님에 대한 당신의 믿음은 완전히 새로운 수준에 이를 것이다.

나의 옆집에 살았고 몹시 수줍음을 탔으나 훌륭한 그리스도인이었던 웬디를 놀라게 했던 일이 생각난다. 웬디는 항상 유모차에 아기를 태우고 동네를 돌았다. 어느 날 웬디는 늘 그랬듯이 유모차를 밀고 우리 집 앞을 지나면서 이렇게 말했다. "제 생각에 선생님도 그리스도인이신 것 같네요."

"그렇습니다."

"어느 교회에 다니세요?" 내가 물었다.

그녀가 내게 말을 건넸을 때 나는 우리 집 지붕에서 물받이를 고치고 있는 폴을 부르고 있었다.

"폴, 소개해 주고 싶은 분이 있네." 폴은 사다리에서 내려와 공손한 자세로 우리 앞에 섰다.

"폴, 이 분이 자신의 믿음을 자네와 나누고 예수 그리스도를 만나는 법을 가르쳐 주고 싶다고 하네."

나는 이렇게 말하고 자리를 피했다.

웬디는 눈이 휘둥그렇게 되었다. 그녀는 부담스러워 하기는 했지만 하나님을 신뢰하는 마음으로 자신의 믿음을 폴과 나누었으며, 폴은 주님을 영접했다.

하나님이 만물을 다스리고 계시며, 따라서 음부의 권세가 당신을 이기지 못할 것이다. 당신이 실패할 가능성은 없다. 하나님께서 당신에게 가르쳐 주길 원하시는 것이 하나 있다. 당신의 성격이나 부족한 영적 은사, 달란트에 상관없이 하나님께서는 당신을 통해 일하실 수 있다는 것이다. 당신도 알듯이 하나님께서 사용하길 원하시는 사람은 데이브 니콜 코치만이 아니다.

하찮은 그리스도인이란 없다. 우리 모두에게는 우리 안에서 살아 역사하시는 성령의 능력이 있기 때문이다. 당신의 남은 생애 동안은 물론이고 이번 주에 하나님께서 당신의 삶에서 이루실 일을 고대하면서 살길 바란다. 항상 이렇게 기도하라. "하나님, 어디서 역사하고 계시나요?"

미래의 전도자 D. L. 무디를 그리스도께로 인도한 하찮아 보이는 구두 가게 점원처럼, 하나님께서 그분의 영광을 위해 당신을 사용하실 때 흥분되지 않겠는가?

흥분을 맛보라

경찰관 윌이 내게 전화를 했다. 다음 날 저녁에 있을 예정이며 내가 축복기도를 하기로 되어 있는 시상식과 관련해서 몇 가지를 물어보기 위해서였다. 나는 윌에게 "오늘 점심 같이할까요?" 하고 제안했다.

그러자 윌이 대답했다. "죄송해서 어쩌죠. 제인과 선약이 있거든요. 제인을 기억하세요? 내일 상을 받기로 되어 있는데."

"버스 정류장에서 한 남자를 보호하려다 대신 총에 맞아 장애인이 된 분 말인가요?"

"예, 맞아요."

"윌, 그렇지만 내일 그녀가 받는 상은 일시적인 것일 뿐이에요. 제인에게 영원히 변치 않을 상을 주면 어떨까요?" 하고 내가 말했다.

그러자 윌은 "코노코에서 만납시다" 하고 즉각적으로 대답했다.

나는 윌을 만났으며, 윌은 나를 제인의 원룸 아파트로 데려갔다.

하나님께서 다스리고 계셨다. 제인의 오빠와 물리 치료사가 막 아파트를 나서고 있었고, 우리는 제인과만 조용히 있을 수 있었다. 나는 미소를 띤 제인의 얼굴을 보면서 말했다. "안녕하세요? 윌리엄 페이라고 합니다. 몇 가지 물어볼 게 있어서 들렀습니다. 혹시 교회에 다니십니까?"

"예, 침례교인이지만 구원받지 못했습니다."

"그게 무슨 말씀이세요?"

"담배를 피우거든요."

나는 그녀에게 몇 가지 질문을 던졌으며, 그런 후에 성경 구절을 제시했다. 그 다음 순간에 우리는 손을 잡았고 제인은 그리스도를 영접하는 기도를 드렸다.

나는 윌이 자신의 아파트를 빙빙 도는 소리를 들을 수 있었다. 윌은 두 손을 들었고 그의 손가락은 하나님을 향하고 있었다. 그는 이렇게 외쳤다. "하나님은 언제나 선하십니다! 언제나 하나님은 선하십니다!"

그 다음 날, 제인은 시상식장에서 이렇게 말했다. "저는 먼저 제 생명을 구원하시고 그 다음에 제게 영원한 생명을 주신 예수 그리스도를 대신하여 이 상을 받습니다."

주위를 둘러보았다. 윌이 뒤에서 이렇게 말하면서 주변을 돌고 있었다. "하나님은 언제나 선하십니다! 언제나 하나님은 선하십니다!"

윌이 발견한 기쁨과 흥분을 경험하길 원하는가? 그렇다면 당신의 믿음을 나누는 일을 시작하라.

복습

대화를 시작하기 위한 질문
〈부록 1〉의 목록을 검토해 보라.

다섯 가지 전도 질문

이 질문들은 깔때기의 역할로 작용한다. 마음이 끌리는 대로 어느 질문에서 시작해도 좋으며, 전도 구절로 바로 넘어갈 수도 있다.

1. 신앙을 갖고 계신가요?
2. 당신에게 예수 그리스도는 누구신가요?
3. 천국과 지옥을 믿습니까?
4. 당신이 죽으면 어디로 갈까요? 만약 천국에 간다면 그 이유는 무엇일까요?
5. 당신이 믿는 것이 진리인지 아닌지 알고 싶습니까?

이 시점에서는 이렇게 물을 수도 있다. "성경 말씀 몇 구절을 나누고 싶은데 괜찮을까요?" 상대방이 "예"라고 대답하면 성경을 펼쳐 다음 단계로 넘어가라. 상대방이 "아니오"라고 대답하면 아무것도 하지 말라. 그렇지만 당신이 실패한 것이 아님을 기억하라. 당신은 복음을 나누라는 명령에 순종했다. 그리고 그 결과는 하나님의 몫이다.

참고: 위의 단계들과 '복음 제시'의 단계들을 〈부록1〉과 〈부록2〉에 간략하게 설명해 놓았다.

제 **5** 장
성경의 능력을 의지하라

지금까지 우리는 우리의 믿음을 나누는 일에 순종할 때 실패란 있을 수 없다는 것을 배웠다. 또한 처음에는 어떻게 질문해야 하는가도 배웠다. 이러한 질문들에 대한 대답은 하나님께서 당신이 믿음을 나누고 있는 사람의 삶에서 역사하고 계시는지 확인하는 데 도움을 줄 것이다. 게다가 "당신이 믿고 있는 것이 진리가 아니라면, 진정한 진리를 알고 싶습니까?"라고 물을 때, 당신은 다음 단계로 옮겨가도 좋다는 허락을 받을 가능성이 매우 높다. 다음 단계란 하나님 말씀의 능력을 나누는 것이다.

하나님 말씀의 능력

하나님의 말씀은 우리의 마음을 꿰뚫으며, 그분의 아들을 향한 우리의 마음을 바꿔 놓는다. 히브리서 4장 12절은 이렇게 말씀한다. "하나님의 말씀은 살아 있고 활력이 있어 좌우에 날선 어떤 검보다도 예리하여 혼과 영과 및 관절과 골수를 찔러 쪼개기까지 하며 또 마음의 생각과 뜻을 판단하나니."

신자가 되기 전에 당신이 어떠했는지 기억하는가? 당신이나 당신의 삶에서 성경은 거의, 또는 전혀 의미가 없었을 것이다. 그러나 당신이 그리스도인이 되었을 때 성경은 전혀 다르게 보였다. 변한 것은 성경이 아니다. 바로 당신이다. 당신이 새로운 피조물이 된 것이다. 갑자기 성경이 삶과 영원에 대한 의미를 지닌 살아 있는 책이 된 것이다.

성경은 성령 없이는 영적인 일을 알 수 없다고 말한다(고전 2:14).

그렇다면 이 세상에서 하나님의 사랑을 알지 못하는 사람들에게 어떻게 다가갈 수 있는가? 그것은 당신이 할 수 있는 일이 아니다. 성령이 하시는 일이다. 성령께서 하나님의 말씀을 통해 역사하실 것이다.

성경의 원리

다른 사람과 성경을 나눌 때 두 가지 기본 원리가 적용된다. 첫째 원리는 로마서 10장 17절에서 볼 수 있듯이 "믿음은 들음에서 난다"는 것이다. 둘째 원리는 율법서를 읽고 있는 사람에게 다가가는 예수님의 모습을 묘사하는 누가복음 10장 26절에서 볼 수 있다. 예수님은 그에게 단지 "네가 어떻게 읽느냐?"라고 물으셨다. 다시 말해 예수님은 "성경이 네게 뭐라고 말하느냐?"라고 물으셨다.

이런 식으로 예수님은 논쟁을 유발하지 않고 성경을 논하실 수 있었다. 얼마나 훌륭한 본보기인가! 이것이 바로 당신이 성경 말씀을 나눌 때 따를 수 있는 본보기이다.

"성경이 네게 뭐라고 말하느냐?" 이것은 질문이다. 변호나 논쟁이 아니다. 당신이 해야 할 일이라고는 상대방의 대답에 귀를 기울이는 것뿐이다. 당신의 일이라고는 책장을 넘기며, 하나님을 방해하지 않는 것이다. 성령께서는 상대방이 당신의 그 어떤 설명이나 설교를 듣는 것보다 성경 한 절을 읽는 데서 더 많은 것을 깨닫도록 도우실 것이다.

장총 대 권총

큐티 시간에 사용하는 큰 성경, 즉 내가 '장총'이라고 부르는 것을 뽑아들기 전에 주의해야 할 것이 하나 있다. 그리스도인이 되기 전에 나는 그리스도인들의 장총은 말할 것도 없고 그들 자체를 대할 때도 매우 어려웠다. 믿지 않는 사람들에게 대포처럼 보이는 것을 뽑아드는 대신에, 작은 권총을 필요할 때까지는 주머니 속에 숨길 줄 알아야 한다.

브로드맨 앤 홀맨(Broadman & Holman) 출판사에서 간행되었고 내가 주해를 단 『전도 성경』(Share Jesus without Fear Bible)과 같은 포켓 사이즈의 성경을 준비하기 바란다. 이 성경책은 주머니나 지갑에 들어갈 수 있을 만큼 작으며 수표책이나 다이어리처럼 보일 것이다.

당신의 헌신

이 성경은 당신의 헌신을 보여 준다. 당신이 성경을 가지고 다닌다는 것은 하나님께서 당신의 삶에서 역사하시길 고대하며 살고 있음을 뜻한다.

지갑을 서랍이나 차에 두고 나온 적이 있는가? 허전하고 뭔가 잃어버린 듯한 기분이 들었을 것이다. 이 성경을 두고 나왔을 때도 똑같은 기분이어야 한다. 이 성경이 곁에 없으면 뭔가 잃어버린 듯한 느낌이 들 만큼 당신의 일부가 되어야 한다.

성경에 대한 반론

당신이 성경책을 펼치면 상대방은 다음 두 가지 중 하나의 이유를 대며 반대할 수 있다. 상대방은 성경에 대해 다음과 같이 말할 수 있다.

1. 성경에는 오류가 많아요
이러한 반론에 대해서는 간단하게 대답할 수 있다.

>   상대방: 성경에는 오류가 너무 많아요.
>   당　신: (슬그머니 꽁무니를 빼지 말라. 대신에 진정으로 사랑하는 마음으로 상대방에게 성경을 건네라.) 그렇다면 그 가운데 하나만 찾아보시겠어요?
>   상대방: 아니오, 못 찾겠어요.
>   당　신: 저도 못 찾습니다. 로마서 3장 23절을 한번 볼까요?

2. 성경 번역본의 종류가 많아요
누가 내게 "성경 번역본의 종류가 많아요"라고 말하면 나는 덴버 신학교에서 배운 대로 대답한다—이것은 내가 1만 5,000 달러를 들여서 얻은 해답이다. 그러니 이 답을 놓치지 말라! 나는 그저 이렇게 대답한다. "예, 그렇지요."

당신도 알겠지만 이때 불신자는 자신이 "해냈다"고 생각한다. 당신이 그에게 "당신이 절대적으로 옳다는 것을 아십니까? 성경 번역본의 종류는 아주 많습니다. 그런데 그 모든 번역본들이 다 같은 것을 말하고 있다는 사실을 알고 계셨나요?"

불신자는 "아니오, 몰랐어요!"라고 대답할 것이고, 그러면 당신은 "로마서 3장 23절을 볼까요?"라고 말한다.

잠시 성경을 살펴보자. 사람들은 2,000년 동안 성경이 참임을, 혹은 거짓임을 증명하려고 연구해 왔다. 그렇지만 그 누구도 오류를 발견하지 못했다는 사실이 흥미롭지 않은가?

이렇게 생각해 보자. 하늘에 계신 당신의 아버지께서 오류가 없는 책을 쓰실 수 없다면 그분이 당신을 무덤에서 일으키시리라고 기대해야 할 이유가 어디 있겠는가?

사실, 나는 누구든 성경에서 진짜 오류를 발견한다면 내 믿음이 무너지리라는 데 동의한다. 어떤 면에서 검토하든 성경에는 역사적 · 예언적 · 고고학적으로 오류가 없다. 하나님께서는 성경의 일점일획도 인간의 의지에서 나오지 않았다고 말씀하셨다.

실제로 성경은 인간이 쓰거나 만들어낸 이야기가 아니다. 성경은 하나님께서 주신 성령의 능력으로 영감을 받은 인간이 하나님의 오류 없는 말씀을 그대로 받아 기록한 것이다(이 두 가지 외의 반론들에도 주목할 필요가 있다. 여러 가지 반론에 대한 답변은 8장과 〈부록3〉에 제시되어 있다).

전도 구절

담대하게 예수님을 전하는 두 번째 단계는 성경이 말하게 하는 것이다. 하나님께서는 성경을 사용하여 사람들의 삶을 변화시키신다. 일련의 성경 구절들을 제시하면서 상대방이 소리 내어 읽게 하라.

1. 로마서 3:23
2. 로마서 6:23
3. 요한복음 3:3
4. 요한복음 14:6
5. 로마서 10:9~11
6. 고린도후서 5:15
7. 요한계시록 3:20

전도 성경 사용법

당신은 이렇게 말할지도 모른다. "저보고 일곱 구절을 다 외우라고요. 그건 불가능해요." 외울 필요는 없다. 요령을 하나 알려 주겠다. 상대방이 읽게 할 구절을 성경에 표시하고 그 다음 구절의 쪽수나 장절을 여백에 적어 두면 된다. 표시나 밑줄이 없는 '새' 성경을 사용하는 것이 보다 효과적이다. 이렇게 한다면 표시는 되어 있어도 당신이 제시하는 복음과는 무관한 구절에 상대방이 눈길을 빼앗기지 않고 정신을 집중하게 하는 데 도움이 될 것이다(전도 성경에 표시를 하는 방법에 대해서는 〈부록2〉를 보라).

전도 구절 사용법

이 단계는 매우 쉽다. 성경을 펼쳐 상대방에게 내밀면서 이렇게 말하라.

> 당   신: 이 구절을 소리 내어 읽어 보시겠어요?
> 상대방: (성경을 소리 내어 읽는다.)
> 당   신: 성경이 뭐라고 말씀하나요?
> 상대방: (정확하게 대답한다.)
> 당   신: (그 다음 구절로 넘어가서) 이 구절을 소리 내어 읽어 보시겠어요?

상대방이 "그건 당신의 해석일 뿐이지요"라고 말할 수는 없을 것이다. 왜냐하면 그가 직접 성경을 읽었고 분석했기 때문이다. 당신이 아니라 성령께서 상대방이 모든 것을 깨닫고 확신하게 하신다. 당신은 그저 한 가지 목표를 가지고, 즉 하나님을 방해하지 않길 바라면서 책장을 넘기기만 하면 된다.

소리 내어 읽게 하라

왜 상대방에게 성경을 소리 내어 읽게 했는가? 믿음은 들음에서 나기 때문이다. 당신은 사람들이 성경을 소리 내어 읽고 나서 예수님을 자신의 주님과 구주로 믿어야 함을 너무나 빨리 깨닫는 것에 놀랄 것이다. 사람들에게 이 성경 구절들을 소리 내어 읽게 하면서 하나님께서 어떻게 역사하시는지 지켜보라.

전도 구절을 나누라

전도 구절을 어떻게 나누는지 보여 주기 위해 각 구절에 대한 처방전을 제시하겠다. 겁먹지 말라. 이것은 단지 상대방에게 다음과 같이 말하기가 얼마나 쉬운지 보여 주는 데 그 목적이 있다.

1. "이 구절을 소리 내어 읽어 보시겠어요?"
2. "성경이 뭐라고 말씀하나요?"

처방전은 간단하다. 암기해야 할 자료도 많지 않다. "당신이 믿는 것이 진리인지 아닌지 알고 싶습니까?"라는 질문에 상대방이 긍정적으로 대답하면 전도 성경의 로마서 3장 23절을 펴서 상대방에게 보여 주라.

1. 첫째 구절: 로마서 3:23 – "모든 사람이 죄를 범하였으매…"
   당　신: (당신의 성경에서 표시된 구절을 가리키면서) 이 구절을 소리 내어 읽어 보시겠어요?
   상대방: (읽는다.) 모든 사람이 죄를 범하였으매 하나님의 영광에 이르지 못하더니.
   당　신: 성경이 뭐라고 말씀하나요?
   친　구: (당신이 기대하는 대답은 다음과 같다.) 모든 사람이 죄를 범했다고 합니다.

로마서 6장 23절로 넘어가라.

주의: 인간에 대한 하나님의 기준은 완전이라는 것을 지적하고 싶더라도 일부러 죄를 설명할 필요는 없다. 우리들 대부분은 그 누구도 하나님처럼 완전하지 못하다는 것을 쉽게 인정한다. 성경은 "선을 행하는 자는 없나니 하나도 없도다"(롬 3:12)라고 말한다. 이것은 모든 사람이 죄를 범했으며 하나님의 의와 완전을 나타낼 수 없음을 뜻한다. 상대방이 자신이 죄인임을 인정하지 않는다면 8장의 16번 답변이나 〈부록 3〉을 참조하라.

2. 둘째 구절: 로마서 6:23 – "죄의 삯은 사망이요…"
주의: 로마서 6장 23절이 중요한 이유는 잃어버린 바 된 많은 사람이 세례나 교회 등록 같은 행위로 천국에 갈 것을 바라고 있기 때문이다. 이 구절을 통해 성령은 우리가 예수님을 믿고 그분에게 우리의 삶을 드리지 않는다면 천국의 소망은 있을 수 없다는 것을 보여 주신다.

당 신: (상대방에게 성경을 펼쳐 보이고) 이 구절을 소리 내어 읽어 보시겠어요?

상대방: (읽는다.) 죄의 삯은 사망이요 하나님의 은사는 그리스도 예수 우리 주 안에 있는 영생이니라.

당 신: 성경이 뭐라고 말씀하나요?

상대방: (당신이 기대하는 대답은 다음과 같다.) 죄의 삯은 사망인데 하나님께서 그분의 아들을 통해 생명을 주신다고 합니다.

당 신: (동그라미가 그려진 '죄'라는 단어를 가리키면서) '죄'라는 단어를 보셨나요?

상대방: 예.

당   신: (당신 자신도 죄인에 포함된다는 뜻에서 자신을 가리키면서)이 구절을 보면 '죄'라고 하지 '죄들'이라고 하지 않습니다. 하나님께서는 한 가지 죄만으로도 저를 지옥에 보내실 수 있습니다.

당   신: '사망'이라는 단어를 보셨나요? 성경에서 사망은 지옥을 말합니다.

당   신: ('안에'라는 단어를 가리키면서)이 단어는 그리스도인이 된다는 것이란 종교를 갖게 된다는 뜻이 아니라 예수 그리스도와 관계를 맺게 됨을 의미합니다.

요한복음 3장 3절로 넘어가라.

나는 살인죄로 복역 중인 한 젊은 여성을 만나 달라는 요청을 받았다. 나는 그녀에게 다섯 개의 '전도 질문'을 던졌고, 그 누구도 그녀에게 예수님이나 기독교를 이야기한 적이 없다는 결론을 내렸다. 로마서 6장 23절이 무슨 뜻이냐고 묻자 그녀는 "저의 모든 죄에 대해 하나님께 용서를 구하고 예수 그리스도를 제 마음에 맞아들여야 합니다"라고 대답했다.

나는 깜짝 놀랐다. 그 구절이 그렇게 말하는가? 정확하게 말하면 아니다. 그렇다면 그녀는 어떻게 이런 대답을 할 수 있었을까? 바로 성령의 역사가 있었기 때문이다.

나는 "잠깐만요. 나눠야 할 구절이 다섯 개나 남았어요"라고 말하지 않았다. 우리는 거기서 멈췄고, 그녀는 그 자리에서 그리스도를 영접하고 자신의 죄에 대해 용서를 구했다.

우리는 반드시 마음을 열어야 한다. 하나님께서는 성령의 능력을 통해 진리의 말씀을 계시하실 수 있다. 당신은 그저 책장을 넘기고 질문을 던지기만 하면 된다.

3. 셋째 구절: 요한복음 3:3 – "…거듭나지 아니하면…"
   당 신: (상대방에게 성경을 펼쳐 보이면서) 이 구절을 소리 내어 읽어 보시겠어요?
   상대방: (읽는다.) 예수께서 대답하여 이르시되 진실로 진실로 네게 이르노니 사람이 거듭나지 아니하면 하나님의 나라를 볼 수 없느니라.
   당 신: (준비해 둔 성경에서 당신이 그려 놓은 십자가를 보여 주면서) 왜 예수님이 죽으러 오셨나요? (당신이 그려 둔 십자가는 여기서 "성경이 뭐라고 말씀하나요?"라고 질문하지 않는다는 것을 알려 준다.)
   상대방: (당신이 기대하는 대답은 다음과 같다.) 그분은 죄 때문에 죽으러 오셨습니다.

요한복음 14장 6절로 넘어가라.

4. 넷째 구절: 요한복음 14:6 – "…내가 곧 길이요…"
   당 신: (상대방에게 성경을 펼쳐 보이면서) 이 구절을 소리 내어 읽어 보시겠어요?
   상대방: (읽는다.) 예수께서 이르시되 내가 곧 길이요 진리요 생명이니 나로 말미암지 않고는 아버지께로 올 자가 없느니라.

당   신: 성경이 뭐라고 말씀하나요?

상대방: (당신이 기대하는 대답은 다음과 같다.) 예수님을 통하지 않고서는 하나님과 함께할 방법이 없다고 합니다.

로마서 10장 9~11절로 넘어가라.

주의: 요한복음 14장 6절은 매우 명확하다. 이 구절은 설명할 필요가 전혀 없다. 설령 상대방이 천국에 갈 수 있는 다른 방법이 있다고 말하더라도, 요한복음 14장 6절은 그의 마음속에서 떠나지 않을 것이다.

여기서 지적하고 싶은 것이 하나 있다. 성경 구절을 나누면서 그릇된 가르침을 설명하거나 논박할 필요는 없다는 것이다. 담대하게 예수님을 전하는 비결은 성경 말씀을 제시하고 성경이 스스로 서게 하는 것이다.

5. 다섯째 구절: 로마서 10:9~11 – "네가…시인하며…"

당   신: (상대방에게 성경을 펼쳐 보이면서) 이 구절을 소리 내어 읽어 보시겠어요?

상대방: (읽는다.) 네가 만일 네 입으로 예수를 주로 시인하며 또 하나님께서 그를 죽은 자 가운데서 살리신 것을 네 마음에 믿으면 구원을 받으리니 사람이 마음으로 믿어 의에 이르고 입으로 시인하여 구원에 이르느니라 성경에 이르되 누구든지 저를 믿는 자는 부끄러움을 당하지 아니하리라 하니.

당   신: 성경이 뭐라고 말씀하나요?

상대방: (당신이 기대하는 대답은 다음과 같다.) 하나님께서 예수

님을 죽은 자 가운데서 살리셨다는 사실을 믿으면 구원을 받을 수 있다고 합니다.

주의: 많은 사람들이 믿기 어려워하는 것 가운데 하나가 자신이 용서받을 수 있다는 사실이다. 당신은 잃어버린 자들의 죄를 알지는 못하겠지만 그들 대부분이 개별적으로 생각하고 염려하는 죄가 있음을 확신할 수는 있다. 그들은 간음, 알코올 중독, 배우자나 원수를 향한 증오, 비통한 마음, 자신의 과거에 대해 거짓말을 일삼는 삶, 이외에도 사람들을 짓누르는 온갖 죄 중에 하나를 생각하고 있을 것이다. 당신의 역할은 그들에게 하나님의 말씀을 보여 주는 것이다.

하나님께서는 말씀을 통해 능력을 나타내실 것이다. 당신이 제시한 구절을 그들이 어떠한 이유에서든 이해하지 못하거나 오해하더라도 그들을 억지로 바로잡으려고 하지 말라. 그저 "다시 한 번 읽어 보시겠어요?" 하고 말하라.

당신 스스로 당신 자신을 '고칠' 수 없듯이 다른 사람들을 고치겠다는 생각은 말라. 한 발 물러나서 성령께서 일하시게 하라.

로마서 10장 9~11절에 대한 반론 다루기

어떤 사람들은 다음과 같이 말할 것이다.

상대방: 하나님께서 살인한 자와 거짓말한 자와 도적질한 자도 용서하실까요?

당 신: 다시 한 번 읽어 보시겠어요?

상대방: (다시 읽는다.)

당　신: 성경이 뭐라고 말씀하나요?

당　신: (상대방이 로마서 10장 9~11절을 이해할 때까지 계속 소리 내어 읽게 하라. 상대방이 그 구절을 이해하면 이렇게 물어보라.) 여기에 당신도 포함되나요?

고린도후서 5장 15절로 넘어가라.

주의: 기억하라. 당신이 해야 할 일은 성령께서 상대방에게 하나님의 용서의 진리를 가르쳐 주시리라고 믿는 것이며 당신의 목적은 로마서 10장 9~11절에 상대방도 포함됨을 이해시키는 것이다. 성령께서 그의 마음속에 역사하여 그가 하나님의 사랑을 깨닫도록 도우실 것이다.

6. 여섯째 구절: 고린도후서 5:15 – "다시는 그들 자신을 위하여 살지 않고"

　　당　신: (상대방에게 성경을 펼쳐 보이면서) 이 구절을 소리 내어 읽어 보시겠어요?

　　상대방: (읽는다.) 그가 모든 사람을 대신하여 죽으심은 살아 있는 자들로 하여금 다시는 그들 자신을 위하여 살지 않고 오직 그들을 대신하여 죽었다가 다시 살아나신 이를 위하여 살게 하려 함이라.

　　당　신: 성경이 뭐라고 말씀하나요?

　　상대방: (당신이 기대하는 대답은 다음과 같다.) 우리는 그리스도를 위하여 살아야 한답니다.

요한계시록 3장 20절로 넘어가라.

주의: 상대방이 틀리게 대답한다면 이해할 때까지 반복해서 소리 내어 읽게 하라. 구원—예수님의 죽음을 통해 약속된—은 자신의 삶을 믿음으로 그분께 드리는 모든 사람에게 주어진다는 사실을 잃어버린 사람이 깨닫게 해야 한다. 우리 모두는 십자가 앞에서 평등하다. 우리는 자신을 구주이신 그리스도께 맡길 때 내적으로 변화되고 새 생명을 얻는다.

우리는 우리의 삶을 믿음으로 그리스도께 맡길 때에야 비로소 죄와 이기적인 욕망의 종이 되지 않는다. 우리의 마음을 예수께로 향하고, 어떻게 살아야 하는지 보여 주신 그분의 본을 따라야 한다. 그리스도인의 마음은 성령의 능력으로 자기중심에서 벗어나 그리스도 중심으로 옮겨간다. 그리스도 중심의 마음은 다른 사람들에 대한 사랑으로 채워질 것이다.

7. 일곱째 구절: 요한계시록 3:20 – "내가 문 밖에 서서 두드리노니"
   당 신: (상대방에게 성경을 펼쳐 보이면서) 이 구절을 소리 내어 읽어 보시겠어요?
   상대방: (읽는다.) 볼지어다 내가 문 밖에 서서 두드리노니 누구든지 내 음성을 듣고 문을 열면 내가 그에게로 들어가 그로 더불어 먹고 그는 나와 더불어 먹으리라.
   당 신: 성경이 뭐라고 말씀하나요?
   상대방: (당신은 이런 대답을 기대한다.) 제가 예수님을 맞아들이면 그분이 제 삶 속에 들어오신다고 합니다.

주의: 상대방이 예수님께 마음을 여는 것은 상대방 자신에게 달려 있음을 당신이 이해하길 원한다. 예수님은 간절히 우리의 삶 속으로 들어오고 싶어 하시지만 결코 강제로 하시지는 않는다.

이제 성경 구절 나누기는 모두 끝났다. 빠른 참조를 원한다면 〈부록1〉이나 이 장 끝에 있는 〈복습〉 부분을 보라.

다시 읽어 보시겠어요

상대방이 성경 구절을 이해하지 못하면 어떻게 해야 하는가? 당신은 그저 "다시 읽어 보시겠어요?"라고 말하면 된다.

내가 속임수를 쓰고 있는지 보자. 당신이 요한계시록 3장 20절을 나와 나누고 있다고 해보자. 당신은 성경을 펼쳐 내게 보이고는 소리 내어 읽어 보라고 말한다.

윌리엄: (읽는다.) 볼지어다 내가 문 밖에 서서 두드리노니 누구든지 내 음성을 듣고 문을 열면 내가 그에게로 들어가 그로 더불어 먹고 그는 나와 더불어 먹으리라.
당　신: 성경이 뭐라고 말씀하나요?
윌리엄: 예수님께서 문을 열고 들어오신다고 합니다.

당신도 알아챘기를 바란다. 나의 대답은 틀렸다. 예수님은 결코 파티에 마음대로 들어오시지 않는다. 그분은 초대받지 않은 곳에는 가지 않으신다. 상대방이 이 점을 깨달았다면 좋은 일이다. 그러나 깨닫지 못했다면 아주 부드럽게 "다시 읽어 보시겠어요?"라고 말하라.

한번은 새벽 두 시에 어떤 목사님에게서 전화가 왔다. 마약 중독에 빠져 있는 열일곱 살 소년, 토드 때문이었다. 토드가 내게 전화를 했다. 토드는 너무 취해서 수화기에다 토해 버렸으며 소리를 지르면서 침대에 쓰러졌다. 그러나 우리는 다음 날 만나기로 약속했다. 오직 성령만이 토드가 우리의 대화를 기억하도록 도우실 수 있다고 나는 생각했다.

나는 프랭크 아르멘타라는 친구를 데리고 갔다. 프랭크는 예수 그리스도를 만나기 전까지 28년이나 헤로인에 중독되어 있었다. 내가 프랭크를 데리고 간 것은 뒷골목 생활에 대한 그의 경험 때문이 아니었다. 그는 내가 아는 사람들 중에서 가장 덩치가 큰 친구이기 때문이었다. 우리는 레스토랑에 도착했다.

그제서야 나는 토드가 어떻게 생겼는지 모른다는 사실을 깨달았다. 나는 토드가 간밤에 그렇게 취했었다면 쉽게 찾을 수 있을 것이라고 생각했다. 내가 생각한 대로 부스스한 모습의 십대 소년이 하나 들어왔다. 그를 보고 내가 물었다. "네가 토드니?"

그렇다고 대답한 그의 두 눈에서 눈물이 흘러내렸다.

나는 토드와 프랭크를 향해 이렇게 말했다. "다른 데로 가죠?"

무더운 날씨였으며 우리는 내 차에 타서 창문을 열었다. 그리고는 시원한 곳을 찾아 차를 몰았다. 한참을 달리다가 어느 나무 그늘 앞에 멈췄는데 우연찮게도 덴버 카운티 교도소 앞이었다.

옆에서 프랭크가 기도하는 동안 나는 토드에게 로마서 10장 9~11절을 소리 내어 읽어보라고 했다.

토드가 성경 구절을 읽었다. "네가 만일 네 입으로 예수를 주로 시인하며 또 하나님께서 그를 죽은 자 가운데서 살리신 것을 네 마음에 믿으면 구원을 얻으리니 사람이 마음으로 믿어 의에 이르고 입으로 시인하여 구원에 이르느니라 성경에 이르되 누구든지 저를 믿는 자는 부끄러움을 당하지 아니하리라 하니."

나는 토드에게 물었다. "성경이 뭐라고 말하니?"

갑자기 다른 목소리―귀신의 목소리―가 토드에게서 흘러 나왔다. "그를 구원할 수 없어."

나의 머리칼이 쭈뼛 일어섰다. 나는 그 목소리를 무시하고 "다시 읽어 볼래?" 하고 말했다. 어쨌든 나는 그 귀신과 싸우려 하지 않았다. 하나님께서 그분의 말씀을 옹호하시게 하라. 그분은 영원히 그분의 말씀을 옹호하신다.

토드는 다시 소리 내어 읽었으며, 귀신의 목소리는 더욱 거칠어졌다. "그도, 그 누구도 구원받지 못해!"

우리는 하나님의 말씀이 승리하기까지 이 과정을 열 번에서 열두 번 정도 반복했다. 그러자 더러운 영이 끔찍한 비명을 지르면서 토드에게서 떠나갔다.

뒷좌석의 토드는 자신의 죄로 인해 비탄에 젖어 울었다. 그러다가 갑자기 두 손을 들고 하나님을 찬양하기 시작했다. 그는 울다가 찬양을 부르기를 10분간 반복했다.

어디에서 나왔는지도 모르는 어리석은 생각을 해본 적이 있는가? 자신의 죄 때문에 눈물을 흘리며 하나님을 찬양하는 토드의 모습을 10여 분간 지켜보는 나에게 어리석은 생각이 들었다. '이러다 경찰이 오면 어떻게 하지?'

나는 혼자서 어리석은 생각을 하고 있기 싫어서 기도하고 있는 프랭크를 흔들며 물었다. "이런 모습 본 적 있니?"

"예, 바로 제 모습이었는 걸요" 하고 그가 말했다.

우리는 한바탕 웃었고 하나님을 찬양했다. 좋은 소식은 10년이 지난 지금도 토드가 오직 하나님의 말씀 때문에 교회 생활을 적극적으로 하며 어둠의 권세로부터 자유롭다는 것이다.

또한 나는 샤론이라는 젊은 숙녀와 있었던 일도 기억한다. 나는 로마서 3장 23절을 펴서 그녀에게 보이며 말했다. "소리 내어 읽어 주시겠습니까?" 그녀가 소리 내어 읽었다. "성경이 뭐라고 말씀하나요?" 하고 내가 물었다.

그녀가 대답했다. "저는 이 죄를 믿지 않아요."

나는 "다시 읽어 보시겠어요?" 하고 요청했다.

그녀는 다시 성경 구절을 읽었고 내가 다시 물었다. "성경이 뭐라고 말씀하나요?"

그녀가 대답했다. "저는 이 말을 믿지 않아요."

내가 말했다. "다시 읽어 보실래요?"

그녀가 다시 읽었다.

내가 물었다. "성경이 뭐라고 말씀하나요?"

그녀가 대답했다. "글쎄요. 우리 모두가 죄를 지었다고 합니다. 맞나요?"

나는 하나님께서 역사하신 것을 알고 미소를 지었다. 그리고 이렇게 말했다. "맞아요. 여기에 당신도 포함되나요?"

그녀가 대답했다. "예."

샤론은 다른 구절들도 소리 내어 읽었으며, 자신의 삶을 예수 그리스도께 드렸다. 그녀가 자신이 용서받았다는 사실에 눈물을 흘리던 모습을 나는 결코 잊지 못할 것이다. 하나님은 선하시다!

복습

친구들이나 가족과 함께 나누어야 할 성경 구절들을 간략하게 정리해 놓았다. 친구들과 가족들이 다음의 성경 구절들을 소리 내어 읽게 하라. 그런 다음에 "성경이 뭐라고 말씀하나요?" 하고 물어라.

1. 로마서 3:23 – "모든 사람이 죄를 범하였으매"
"모든 사람이 죄를 범하였으매 하나님의 영광에 이르지 못하더니"
　　　　　　성경이 뭐라고 말씀하나요?

2. 로마서 6:23 – "죄의 삯은 사망이요"
"죄의 삯은 사망이요 하나님의 은사는 그리스도 예수 우리 주 안에 있는 영생이니라"
　　　　　　성경이 뭐라고 말씀하나요?

3. 요한복음 3:3 – "거듭나지 아니하면"
"예수께서 대답하여 이르시되 진실로 진실로 네게 이르노니 사람이 거듭나지 아니하면 하나님 나라를 볼 수 없느니라"
　　　　　　왜 예수님이 죽으러 오셨나요?

4. 요한복음 14:6 – "내가 곧 길이요"
"예수께서 이르시되 내가 곧 길이요 진리요 생명이니 나로 말미암지 않고는 아버지께로 올 자가 없느니라"
　　　　　　성경이 뭐라고 말씀하나요?

5. 로마서 10:9~11 – "네가…시인하며"
"네가 만일 네 입으로 예수를 주로 시인하며 또 하나님께서 그를 죽은 자 가운데서 살리신 것을 네 마음에 믿으면 구원을 받으리니 사람이 마음으로 믿어 의에 이르고 입으로 시인하여 구원에 이르느니라 성경에 이르되 누구든지 저를 믿는 자는 부끄러움을 당하지 아니하리라 하니"

성경이 뭐라고 말씀하나요?

6. 고린도후서 5:15 – "다시는 그들 자신을 위하여 살지 않고"
"그가 모든 사람을 대신하여 죽으심은 살아 있는 자들로 하여금 다시는 그들 자신을 위하여 살지 않고 오직 그들을 대신하여 죽었다가 다시 살아나신 이를 위하여 살게 하려 함이라"

성경이 뭐라고 말씀하나요?

7. 요한계시록 3:20 – "내가 문 밖에 서서 두드리노니"
"볼찌어다 내가 문 밖에 서서 두드리노니 누구든지 내 음성을 듣고 문을 열면 내가 그에게로 들어가 그로 더불어 먹고 그는 나로 더불어 먹으리라"

성경이 뭐라고 말씀하나요?

결단의 시간

당신은 하나님의 능력이 그분의 성경을 통해 역사하는 것을 보았다. 이제는 상대방이 스스로 하나님에 대해 어떻게 할지 결단하도록 도와야 한다.

제6장
결단에 이르도록 도우라

어느 날 밤이었다. 세미나 인도를 마치고 나오는데 어떤 신사분이 다가와 나의 강의에 고마움을 표했다.

내가 물었다. "아직 그리스도를 모르십니까?"

글렌이 대답했다. "그분을 알기 위해 노력하고 있습니다."

내가 말했다. "선생님에 대해 말씀해 주실 수 있겠습니까?"

그가 한숨을 지으며 말했다. "저는 엔지니어이며 결혼 생활은 파탄에 이르렀습니다. 믿음에 대해 궁금한 게 많아요."

"영적 점검을 해보면서 어디가 막혔는지 알아봅시다. 선생님은 죄인입니까?"

"예"

"죄를 용서받기 원하시나요?"

"예"

"예수님이 십자가에서 죽으시고 부활하셨다는 사실을 믿나요?"

그는 고개를 흔들었다. "모르겠습니다."

"글렌 선생님, 예수님께서 돌아가시고 부활하셨다는 사실을 확신한다면, 선생님의 죄를 용서받길 원하시나요?"

그는 엄숙하게 고개를 끄덕였다.

"그렇다면 부활에 대해 이야기해 볼까요? 하나님께서는 역사 속에서 예수 그리스도의 실재하셨음에 대한 분명한 증거를 주셨습니다. 글렌 선생님, 선생님이 믿지 못하니 도와달라고 하나님께 부탁하시겠습니까?"

"예, 기꺼이 그렇게 하겠습니다."

나는 그의 어깨에 손을 얹었다. "하나님께서 선생님의 마음을 들으실 겁니다. 이제 간단하게 기도드리고 하나님의 역사를 지켜봅시다."

우리는 머리를 숙였고, 글렌은 나를 따라 기도했다. "저는 죄인입니다. 저의 모든 죄를 용서받길 원합니다. 저의 죄 때문에 예수님이 십자가에서 돌아가셨다는 사실을 믿길 원합니다. 제가 믿지 못하니 도와주소서. 아버지, 이것이 사실이라면 저의 결혼 생활을 회복시켜 주소서. 예수님께 제 삶을 드리길 원합니다."

글렌은 기도를 마친 후 고개를 들었다. 그의 눈은 기쁨으로 빛났다. "이것은 모두 사실이에요. 저는 확실하게 믿습니다" 하고 그가 처음으로 고백했다.

나는 "글렌 선생님, 예수님은 어디에 계시나요?" 하고 물었다.

그는 웃으면서 "제 마음속에 계십니다" 하고 대답했다.

"부인도 여기 오셨나요?"

"예, 가서 데려오겠습니다."

그의 부인 르네가 왔을 때, 우리는 그녀가 조금 전 기도실에서 자신의 마음을 그리스도께 드렸다는 것을 알았다. 이들의 열두 살 된 딸 테레사의 눈에도 눈물이 가득했다.

"무슨 일이 있었니?" 하고 내가 물었다.

테레사가 이야기하기 시작했다. "아빠랑 함께 오클라호마에서 살아야 할지 아니면 엄마랑 새 아빠와 여기서 살아야 할지 모르겠어요."

내가 물었다. "테레사, 내일을 알 수 있니?"

테레사는 "아니오"라고 속삭이듯 대답했다.

"아저씨는 내일을 알 수 있는 분을 알고 있단다. 그분이 누구라고 생각하니?"

테레사는 위를 보면서 말했다. "예수님인가요?"

"예수님에 대해 알고 있니?"

"아니오, 저는 오늘밤에 복음을 처음 들었어요. 예수님을 어떻게 영접하나요?"

나는 기쁜 마음으로 테레사를 목사님과 이야기를 나누고 있는 그녀의 부모에게로 데리고 가서 그들에게 말했다. "두 분의 따님이 두 분과 함께 예수 그리스도와 관계를 맺을 준비가 되었답니다." 테레사는 곧 예수님을 자신의 구주로 영접하는 기도를 드렸다.

당신의 믿음을 나눌 때 온전해지는 것은 단 한 사람의 삶만이 아니다. 한 가족, 한 마을, 한 지역, 한 국가의 삶이 온전해질 수 있다. 문제는 당신이 이런 특권을 누리길 원하느냐에 있다.

나는 내게 고마워하는 이 가족과 함께 교회를 나섰다. 그러나 정말 하나님께 감사한 것은 바로 나였다. 그분께 이렇게 쓰임받는 일은 참으로 큰 특권이다.

선택

분명히 우리는 복음을 전할 기회를 찾고 있다. 그럼에도 불구하고 사람들에게 생명과 죽음 가운데 하나를 선택할 권리를 주지 않는 것은, 매우 게으르고 부주의한 태도다. 이 책의 공저자인 린다는 십대 시절에 사람들이 가득한 텍사스의 갤버스턴 해변에서 이러한 생각이 사실임을 깨달았다. 그녀는 말한다.

나는 열여섯 살이었고 교회 고등부 아이들과 함께 바닷가에서 우리의 믿음을 나누고 있었다. 나는 잔뜩 긴장했지만 나의 걱정은 밀려오는 파도와 위로 펼쳐진 푸른 하늘 속으로 이내 사라졌다. 나는 전도지를 나눠 주면서 해변의 상점 옆을 지나고 있었다. 아버지와 나는 우리의 친구 둘이 구석에 숨어 있는 것을 발견했다. "왜 그러니?" 내가 그들에게 물었다.

그들 중 캐롤이 눈물을 글썽이며 대답했다. "전도지를 나눠 주는 우리에게 어떤 사람이 질문을 했는데 대답할 수가 없었어."

"무슨 질문이었는데?" 내가 물었.

"하나님이 그렇게 위대하시다면 하나님 자신도 무너뜨릴 수 없는 성벽을 세울 수 있는지 알고 싶다고 했어. 또 하나님이 그렇게 위대하시다면 왜 그 성벽을 무너뜨리실 수 없는지도 알고 싶다고 했어."

"그랬구나!" 나는 바람 빠진 풍선처럼 힘없이 대답했다. 나는 얼굴을 돌려 짠 바닷바람을 맞으며 이 질문이 속임수일까 아니면 내 믿음이 잘못된 것일까 하고 생각해 보았다.

그 때 시편 69편 32절 말씀이 떠올랐다. "…하나님을 찾는 너희들아 너희 마음을 소생하게 할지어다"

"해답을 알아!" 내가 소리쳤다. "하나님께서는 이미 그런 성벽을 만드셨어. 그건 바로 인간의 마음이야." 하나님은 무한히 강하시지만 결코 그 성벽을 강제로 무너뜨리지는 않으신다. 그분은 초대받으실 때만 들어가신다.

하나님은 신사적이시다. 그분은 결코 우리에게 자신을 사랑하거나 섬기라고 강요하지 않으신다. 여호수아도 이와 같은 사실을 발견했다. 예수님이 태어나시기 1,400여 년 전에 여호수아는 이스라엘 지파들을 이끌고 요단강을 건너 하나님께서 그들에게 주실 땅으로 들어가라는 명령을 받았다. 후에 여호수아는 모든 지파의 백성을 하나님 앞에 모아 놓고 하나님께서 그들의 조상을 어떻게 애굽에서 이끌어내시고 전쟁을 좋아하는 민족들로부터 어떻게 구원하셨는지 상기시켜 주었다.

여호수아는 백성에게 이렇게 말했다. "그러므로 이제는 여호와를 경외하며 온전함과 진실함으로 그를 섬기라… 만일 여호와를 섬기는 것이 너희에게 좋지 않게 보이거든 너희 조상들이 강 저쪽에서 섬기던 신들이든지 또는 너희가 거주하는 땅에 있는 아모리 족속의 신들이든지 너희가 섬길 자를 오늘 택하라 오직 나와 내 집은 여호와를 섬기겠노라"(수 24:14, 15).

여호수아 시대와 마찬가지로 하나님께서는 지금도 그분의 사랑과 그분을 섬길 기회를 주시지만 그 누구에게도 그것을 강요하지 않으실 것이다. 하나님께서 이전에 이스라엘 지파들에게 요단강 건너편의 땅을 주셨던 것을 생각해 보라. 그들은 가나안 사람들이 두려워 그러한 축복을 거부했다. 그들은 축복을 거부했기 때문에 여호수아가 마침내 승리로 인도할 때까지 광야에서 40년을 방황해야 했다. 아주 분명하다. 하나님의 축복을 받아들이고 그분을 섬기느냐 그렇게 하지 않느냐는 우리가 선택해야 할 몫이다.

예수님의 지상 사역을 보면, 그분은 언제나 사람들에게 선택권을 주셨다. 예를 들면 예수님은 베데스다 연못가의 병자에게 낫기를 원하느냐고 물으셨다. 상상해 보라. 이 병자는 38년 동안이나 불구로 살아왔다. 그는 병자들에게 둘러싸인 채 양문 곁 연못가에 앉아 있었다. 모두들 하나님께서 천사를 보내어 물이 요동치게 하실 때 자신이 가장 먼저 들어가 고침을 받길 바라고 있었다. 그러나 예수님은 조금도 거만한 모습을 보이지 않으셨다.

예수님이 병자에게 물으셨다. "네가 낫고자 하느냐?"

이 말에 병자는 이렇게 대답했다. "주여 물이 동할 때에 나를 못에 넣어 줄 사람이 없어 내가 가는 동안에 다른 사람이 먼저 내려가나이다."

"예수께서 가라사대 일어나 네 자리를 들고 걸어가라 하시니 그 사람이 곧 나아서 자리를 들고 걸어가니라"(요 5:8, 9).

예수님이 병자에게 병고침을 받으라고 강요하지 않으셨다는 사실이 흥미롭지 않은가? 사실, 예수님은 그분의 치유나 사랑을 어느 누구에게도 결코 강요하지 않으셨다. 따라서 거듭나려면 복음을 듣는 것만으로는 안 된다. 들은 것에 대해 선택해야 한다.

당신이 누군가에게 하나님의 사랑을 보여 주면서 그것을 받아들일지 말지 선택권을 주지 않는 것은 정말 무서운 일이지 않겠는가? D. L. 무디는 바로 그렇게 한 적이 있었기 때문에 평생 괴로워했다.

"1891년 4월 8일 시카고 대화재가 일어났던 날 밤, 그는 청중에게 그리스도를 구주로 영접하라고 요구하지 않았다. 그의 설교 제목은

'그렇다면 나는 그리스도라 불리는 예수와 무엇을 할 것인가?'였다. 그는 설교를 마치면서 청중에게 이 물음에 대해 생각해 보고 다음 주일에 와서 대답하라고 했다. 그러나 그들은 다시 오지 못했다. 그들이 자리에서 일어설 때 화재 경보가 울렸고 건물은 불탔으며 회중은 흩어졌다."[1)]

무디는 자신의 청중 가운데 얼마나 많은 사람이 믿음을 가지고 영원에 들어가는지 늘 궁금했다.

우리는 다른 사람들에게 선택권을 주어야 한다. 당신은 "당신이 믿는 것이 진리인지 아닌지 알고 싶습니까?"라고 묻고 믿음을 나누기가 매우 쉽다는 것을 알게 될 것이다. 상대방이 이 질문에 "예"라고 대답한다면 곧바로 성경 구절을 소리 내어 읽게 하고 "성경이 뭐라고 말씀합니까?"라고 물을 수 있다.

상대방이 일곱 개의 전도 구절을 모두 소리 내어 읽고, 마지막 구절인 요한계시록 3장 20절 "볼지어다 내가 문 밖에 서서 두드리노니 누구든지 내 음성을 듣고 문을 열면 내가 그에게로 들어가 그로 더불어 먹고 그는 나와 더불어 먹으리라"에 반응했다고 하자.

상대방이 마지막 구절을 소리 내어 읽고 나면 당신은 다섯 개의 질문을 더 던져야 한다. 『전도 성경』을 사용하고 있지 않다면 다섯 개의 '결단을 위한 질문'을 성경의 여백에 적어 두기 바란다.

1. 당신은 죄인입니까?
2. 당신의 죄를 용서받기 원하십니까?
3. 예수님이 당신을 위해 십자가에서 돌아가시고 부활하신 사실을 믿습니까?

4. 당신의 삶을 예수 그리스도께 기꺼이 드리겠습니까?

5. 예수님을 당신의 삶과 마음에 맞아들일 준비가 되었습니까?

다음은 이러한 질문들에 대한 논의이다.

1. 당신은 죄인입니까?

첫 번째 질문은 첫째 구절인 로마서 3장 23절—"모든 사람이 죄를 범하였으매"—에 기초를 둔다. 전도 구절은 듣는 사람들이 결단을 위한 질문과 관련해 마음을 준비하게끔 한다.

2. 당신의 죄를 용서받기 원하십니까?

우리는 이미 로마서 6장 23절에서 죄의 삯은 사망이라는 사실을 지적했다. 그러므로 이제 상대방은 왜 자신에게 용서가 필요한지 알아야 한다. 이것은 그의 '선택'이다. 이것을 받아들이느냐 받아들이지 않느냐는 그에게 달려 있다.

3. 예수님이 당신을 위해 십자가에서 돌아가시고 부활하신 사실을 믿습니까?

십자가가 복음의 중심에 해당하기 때문에 이러한 사실을 믿는 것은 모든 사람의 결정에 있어서 중요한 열쇠가 된다. 상대방이 로마서 10장 9~11절에서 읽었듯이 성도들은 마음으로 믿고, 마음으로 의롭게 되며, 입으로 고백한다.

4. 당신의 삶을 예수 그리스도께 기꺼이 드리겠습니까?

이 질문은 매우 중요하다. 나는 상대방이 예산의 필요성을 깨닫기 전에 내가 그를 결단으로 이끌지도 모른다는 것을 늘 우려한다. 예수님은 늘 사람들에게 비용을 예산하라고 하셨다. 그분은 누가복음 14장 27~29절에서 이렇게 말씀하셨다. "누구든지 자기 십자가를 지고 나를 따르지 않는 자도 능히 내 제자가 되지 못하리라 너희 중의 누가 망대를 세우고자 할진대 자기의 가진 것이 준공하기까지에 족할는지 먼저 앉아 그 비용을 계산하지 아니하겠느냐." 그리고 마태복음 19장에서 부자 청년의 이야기를 들려주신다.

> "어떤 사람이 주께 와서 가로되 선생님이여 내가 무슨 선한 일을 하여야 영생을 얻으리이까 예수께서 이르시되 어찌하여 선한 일을 내게 묻느냐 선한 이는 오직 한 분이시니라 네가 생명에 들어 가려면 계명들을 지키라 이르되 어느 계명이오니이까 예수께서 이르시되 살인하지 말라, 간음하지 말라, 도둑질하지 말라, 거짓 증언하지 말라, 네 부모를 공경하라, 네 이웃을 네 자신과 같이 사랑하라 하신 것이니라 그 청년이 이르되 이 모든 것을 내가 지키었사온대 아직도 무엇이 부족하니이까 예수께서 이르시되 네가 온전하고자 할진대 가서 네 소유를 팔아 가난한 자들에게 주라 그리하면 하늘에서 보화가 네게 있으리라 그리고 와서 나를 따르라 하시니 그 청년이 재물이 많으므로 이 말씀을 듣고 근심하며 가니라"(마 19:16~22).

예수님의 제자들은 이 사건을 보며 실망하여 물었다. "그런즉 누가 구원을 얻을 수 있으리이까?"

예수님이 제자들에게 상기시키셨다. "사람이 할 수 없는 것을 하나님은 하실 수 있느니라"(눅 18:27).

감사하게도 하나님께서 하실 수 있다. 만일 그렇지 않다면 우리 모두는 잃어버린 자가 될 것이다. 감사하게도 예수님은 우리의 완전함이 아니라 자신의 완전하심을 통해 우리를 용서하신다. 그렇다고 하더라도 우리는 친구와 가족들에게 하나님의 사랑을 받아들일 선택권이 있으며 그들 스스로 하나님을 섬기겠다고 선택해야 한다는 사실을 분명히 알려 주어야 한다. 그들을 마음이나 삶을 변화시키지 못하는 쉬운 믿음으로 인도해서는 안 된다.

5. 예수님을 당신의 삶과 마음에 맞아들일 준비가 되었습니까?
성경은 요한복음 1장 12절에서 이렇게 말씀한다. "영접하는 자 곧 그 이름을 믿는 자들에게는 하나님의 자녀가 되는 권세를 주셨으니." 우리는 예수님을 우리의 마음속으로 초대하고 받아들이며 영접해야 한다.

조용하라

이제 몇 가지 중요한 원리를 제시하겠다. '예수님을 당신의 삶과 마음에 맞아들일 준비가 되었습니까?' 라는 다섯 번째 질문에 주목하라.

이 질문을 묵상하면서 '침묵' 과 '기도' 라는 단어를 생각하기 바란다. 조심스럽게 부탁하건대, '침묵' 을 '입 다물라' 로 바꾸어라. 이 단어는 불쾌하고 초라하지만 중요한 의미를 지닌다. 사랑으로 부탁하건대 다섯 번째 질문을 할 때는 제발 입을 다물라!

이때 움직이는 원동력이 무엇인지 깨달아야 한다. 당신이 믿음을 나누고 있는 사람의 마음속에 성령께서 역사하고 계신다. 천사들이 당신을 응원한다. 하나님의 말씀이 그의 중심에서 역사하신다. 당신은 입 다물고 가만히 있어야 한다. 성령의 능력으로 죄를 깨닫는 사람에게 아무 말 없이 흘러가는 10초는 10분처럼 느껴진다. 나는 기다리는 동안 구슬 같은 땀이 이마에서 흘러내리는 것을 경험했다. 싸움은 당신이나 나의 몫이 아니다. 싸움은 하나님과 말씀의 몫이다. 당신과 내가 할 일은 그저 성경책을 넘기면서 상대방이 소리 내어 읽게 하고 "성경이 뭐라고 말씀하나요?" 하고 묻는 것이다. 그리고 당신은 이렇게 묻게 될 것이다. "예수님을 당신의 삶과 마음에 맞아들일 준비가 되었습니까?"

마지막 질문을 한 후에는 침묵하라.

그 순간에는 기도가 더없이 중요하다. 그때가 영적 전투의 절정일 수 있다. 사탄은 이제 곧 일어날 일을 싫어한다. 당신의 기분이 어떠하든지 기도하라. 나는 하나님과 싸우는 사람을 보면서 하나님께서 그에게 자비를 베푸시기를 바라며 기도할 때가 많다. 나는 사탄이 결박되게 해 달라고 기도한다. 그러나 나는 잃어버린 바 된 나의 친구가 침묵을 깰 때까지 입을 열지 않는다.

여러 해 전에 나는 이러한 원리를 한 무리의 젊은이들에게 가르쳤다. 그 젊은이들 가운데 프랭크가 브롱코스 팀의 풋볼 경기를 보고 있는 내게 전화를 했다. 그가 흥분한 목소리로 말했다. "윌리엄 선생님, 제가 선생님의 기록을 깼어요."

"그게 도대체 무슨 소리니?" 나는 골라인을 향해 달려가는 존 얼웨이를 냉담하게 바라보며 물었다.

"선생님이 가장 오래 기다리신 게 10분이었다고 하셨죠? 저는 이 소녀에게 복음을 전하면서 무려 45분간 침묵하면서 기다렸습니다. 발에서 땀이 나고, 기도할 거리도 다 떨어지기 시작했어요."

그제서야 나는 그의 말에 귀를 기울였다. 그리고 텔레비전에서도 눈을 뗐다. "무슨 일이 있었던 거니?"

"물론, 그 소녀가 그리스도를 영접했지요!"

당신은 얼마나 기다리겠는가? 당신이 다섯 번째 질문을 한 후에 들을 수 있는 대답은 "예" 아니면 "아니오", 둘 중 하나다.

그 소녀의 마음에서부터 "예"라는 대답이 나오는 바로 그 순간 그녀는 거듭난다. 그녀는 죄인의 기도를 드리거나 교회에서 강단 앞으로 나올 때, 혹은 어떤 의식을 치를 때 거듭나는 것이 아니다. 예수 그리스도와 그분이 하신 일을 믿는 바로 그때 거듭난다. 물론, 나는 그녀가 죄인의 기도를 드리도록 인도할 것이다. 그리고 이보다 더 놀라운 경험을 하게 될 것이다.

당신은 친구나 사랑하는 사람으로 하여금 다음과 같이 죄인의 기도를 드리게 할 수 있다. "하늘에 계신 아버지, 저는 당신에게 죄를 지었습니다. 저의 모든 죄를 용서받길 원합니다. 예수님이 저를 위해 십자가에서 돌아가시고 부활하신 것을 믿습니다. 아버지, 저의 삶을 당신께 드리니 당신이 원하시는 대로 사용하여 주옵소서. 예수 그리스도께서 저의 삶과 마음속으로 들어오시길 원합니다. 예수님의 이름으로 기도합니다. 아멘."

얼마나 아름다운 순간인가! 기쁨이 넘치고 천사들이 노래하며, 당신의 마음은 하나님의 선하심을 기뻐하고 있다. 당신은 공중제비라도 넘을 것 같은 기분일 것이다.

그러나 상황이 다르게 전개된다면 어떻게 해야 하는가? 당신의 친구나 사랑하는 사람이 "아니오"라고 대답한다면 어떻게 해야 하는가? 이럴 때 당신은 도대체 어떻게 해야 하는가?

'왜'의 원리

나는 다섯 번째 질문에 대해서 "아니오"라는 대답을 들으면 "왜죠?"라고 묻는다. 다음 장에서 '왜'의 원리뿐만 아니라 당신이 다섯 번째 질문 — '예수님을 당신의 삶과 마음에 맞아들일 준비가 되었습니까?' — 을 던질 때 부딪히게 될 반대를 다루는 그 밖의 방법들을 살펴보겠다.

예상치 못했던 일을 수용하라

우리는 좋은 의도를 가지고 있다. 우리는 잠시 시간을 내어 사람들에게 다가가고자 한다. 그러나 삶이 우리의 발목을 잡는다. 하나님께 받은 그 축복에 발부리가 걸린다. 우리는 가족, 취미, 직장, 교회와 같은 축복 때문에 눈코 뜰 새 없이 바쁘다. 그래서 우리는 성령과 너무 멀어진 나머지 성령께서 예상치 못한 일을 하실 때 전혀 눈치를 채지 못한다.

    우리가 시간이 없다는 핑계를 대며 예수님을 따르지 않을 때 예수님은 실망하신다. 예수님이 우리 옆에 두신 사람들에게 우리는 관심을 가져야 한다.

    당신은 "그건 당신이 몰라서 하는 소리예요. 제가 얼마나 바쁜지 아세요? 너무 바빠서 복음을 전할 시간이 없어요"라고 말할지도 모른다.

    분명히 말하는데 하나님의 일은 당신을 방해하지 않는다. 하나님께서 당신에게 기회를 주시는 것이다. 당신의 속도를 유지하는 것에 대해 걱정할 필요가 없다. 하나님께서는 당신이 예상치 못한 일을 맡기실 때, 시간도 함께 주신다. 게다가 믿음을 나누는 데는 긴 시간이 요구되지 않는다. 30초 안에 혹은 그보다 짧은 시간에 당신의 믿음을 나눌 수 있다는 사실을 알지 않는가?

다섯 개의 결단을 위한 질문을 던지는 것만으로도 당신의 믿음을 나눌 수 있다. 나는 여러 해 전에 그렇게 해보았다. 나는 늦은 밤에 어두운 길을 운전하고 있었다. 모퉁이를 도는 순간 여러 대의 자동차 불빛이 보이고 폭스바겐 비틀(Volkswagen Beetle) 한 대가 나무에 부딪혀 완전히 찌그러져 있는 것이 보였다. 종이처럼 구겨진 차에서 끌어낸 열아홉 살 청년이 과연 살 수 있을지 알 수 없었다. 그는 양팔에 링거를 꽂은 채 들것에 누워 있었고 구조대원들은 그를 살리려고 애쓰고 있었다.

나는 차에서 내려 그 청년에게로 갔다. 그런데 문제가 생겼다. 헬리콥터 한 대가 청년을 병원으로 후송하려고 기다리고 있었다. 내가 예수 그리스도의 복음을 나눌 수 있는 시간은 겨우 30초뿐이었다. 청년은 말을 할 수 없었기 때문에 상황이 훨씬 복잡했다. 그가 할 수 있는 것이라고는 신음 소리를 내는 것뿐이었다.

나는 청년 곁에 무릎을 꿇고 앉아 속삭였다.

"당신은 죄인입니까?"

"으…"

"죄를 용서받길 원합니까?"

"으…"

"예수님이 당신을 위해 십자가에서 죽으시고 부활하신 사실을 믿습니까?"

"으…"

"당신의 삶을 예수 그리스도께 기꺼이 드리겠습니까?"

"으…"

"예수 그리스도를 당신의 삶과 마음에 맞아들일 준비가 됐습니까?"

"으…"

이 신음 소리는 청년의 마음속에서 우러나왔으며 청년은 구원받았다. 복음은 매우 간단하다. 몇 초면 나눌 수 있다.

다음 날 나는 그 청년이 죽었다는 소식을 신문을 통해 알았다. 그렇지만 나는 한 가지 사실을 그 전에 이미 알고 있었다. 하나님께서는 마지막 순간에 그분의 아들 예수 그리스도를 영접할 기회를 주셨을 만큼 그 청년을 사랑하셨다. 청년은 죽었지만 지금은 황금 길을 걸으며 이렇게 말할 것이다. "정말 아슬아슬했어!"

이야기는 계속된다. 그로부터 7년 후 나는 어느 작은 교회에서 세미나를 인도하면서 이 청년의 이야기를 했다. 세미나가 끝나자 한 할머니가 내게 다가오더니 자신의 목을 만지면서 조용히 물었다. "당시 폭스바겐 비틀은 녹색이었나요?"

그 사실은 주님과 나만 알고 있었다. 나는 대답했다. "예, 할머니. 그런데 녹색인 줄 어떻게 아세요?"

할머니는 눈물을 흘리며 "그 애는 제 손자입니다"라고 대답했다.

하나님께서는 할머니의 손자가 그분에게 올 기회를 한 번 더 가졌다는 것을 할머니에게 알려 주실 만큼 할머니를 사랑하셨다. 이 사건을 되돌아볼 때, 자동차 사고가 내 삶의 방해자였는가 아니면 하나님께서 주신 기회였는가? 이제 당신은 당신이 겪는 예상 밖의 사건들을 새로운 눈으로 볼 수 있을 것이다.

키이타 앤드류는 자신의 삶에 찾아온 방해를 하나님께서 기회로 사용하실 수 있게 했다. 어느 날 새벽 4시 30분, 나는 데니스 레스토랑에서 케이타와 한 무리의 UPS 운전사들에게 믿음을 나누는 방법을 가르쳤다. 그로부터 1주일 뒤에 케이타가 내게 전화를 걸어 자신이 그리스도께로 인도한 사람들에 관해 이야기했다. 케이타는 몹시 들떠 있었다. 그는 자신이 공원, 가게 등 온갖 곳에서 사람들을 주님께로 인도한 이야기를 숨쉴 틈도 없이 이어 나갔다.

내가 말했다. "우리 한 번 만나야겠어요."

우리는 만났다. 나는 그를 몹시 좋아하게 되었고, 우리는 가까운 친구가 되었다. 어느 날 케이타의 삶에 방해물이 찾아왔다. 트럭에서 뛰어내리다가 잘못해서 한쪽 무릎을 다친 것이다. 대 수술을 마친 케이타가 내게 전화를 걸어 이렇게 물었다. "혹시 월급을 주면서 자신의 믿음을 나누라고 하는 곳을 알고 있나?"

나는 웃으면서 대답했다. "케이타, 그런 곳을 알면 내가 가지!"

그날 저녁, 도심 병원에서 간호사로 일하는 아내가 퇴근해서는 병원에서 원목을 구하고 있다는 소식을 전해 주었다.

나는 즉시 병원에 전화를 걸어 케이타 이야기를 했다. 케이타는 직장을 얻게 되었다.

당시 그 병원은 1년에 15,000명 이상의 환자를 진료하고 있었다. 많은 환자가 케이타의 사무실을 거치며 그의 질문에 대답하고 성경 구절을 읽었다. 수많은 사람이 그를 통해 예수님을 믿게 되었다.

어느 날 병원 근무를 마치고 주차장으로 걸어가는 나의 아내의 핸드백을 어떤 남자가 낚아챘다. 아내는 소스라치게 놀랐으나 이내 정신을 차리고 그 남자를 뒤쫓았다. 쉰 살이 넘은 나의 아내가 소매치기를 뒤쫓아 거리를 달리는 모습을 상상해 보라. 소매기치는 어느 마약 거래점으로 들어갔고 아내는 문을 두드리며 소리쳤다. "핸드백을 안 돌려주면 윌리엄과 케이타를 붙여 줄 줄 알아!"

나중에 나는 아내의 이야기를 듣고 케이타에게 전화했다. 그 소매치기를 아는 케이타와 함께 우리는 그의 집을 찾아갔다. 휠체어에 앉은 남자가 하나 나왔다. 케이타는 그를 그리스도께로 인도했다. 그 다음에 아내의 핸드백을 빼앗은 바로 그 남자가 나왔고, 케이타가 그 남자도 그리스도께로 인도했다. 며칠 후 소매치기는 아내에게 사과하고 핸드백을 돌려주었다. 없어진 것은 돈뿐이었다.

내가 당신에게 거리의 마약 거래자들을 뒤쫓아야 한다고 말하는 것은 아니다. 당신의 삶에 찾아오는 모든 방해물에 주의를 기울이라는 것이다. 각각의 방해물을 하나님께 드리고 하나님께서 당신을 통해 그분의 사랑과 능력으로 반응하시게 하라. 그렇게 할 때, 당신은 하나님께서 그분의 유익을 위해 모든 것을, 심지어 다친 다리와 소매치기 당한 핸드백까지 사용하신다는 것을 알게 될 것이다.

감사하라

기회를 구한다면, 기억하라. 하나님께서는 당신이 감사하기를 원하실 뿐이다.

성령께서는 당신의 충성을 통해 두 사람, 곧 당신과 당신이 믿음을 나누는 사람에게까지 복 주기를 원하신다. 성령께서는 당신이 빌레몬서 1장 6절의 다음과 같은 기쁨을 경험하길 원하신다. "믿음을 통한 우리의 교제가 힘이 되어서 그리스도를 믿음으로 말미암아 얻는 우리의 축복이 얼마나 큰지 알게 되기를 나는 빕니다"(공동번역).

데이브 니콜 코치는 다음과 같이 말했다. "저의 믿음을 졸업반 아이들과 나누기 시작했던 그 해 여름, 저의 마음은 기쁨으로 넘쳤습니다. 그리스도와의 관계가 성장했습니다. 저는 수퍼볼 경기에서 브롱코스 팀의 플레이를 볼 때보다 더 흥분했습니다."

성령께서는 당신이 이런 기쁨을 맛봄으로써 그리스도 안에서 소유한 모든 것을 온전히 깨닫기를 원하신다. 이러한 과정을 통해 당신은 하나님께서 당신을 어떻게 사용하시려는지 알고 몹시 놀랄 것이다.

데이브 코치는 이렇게 덧붙인다. "하나님께서 역사하고 계신 곳으로 뛰어들어 보십시오. 모든 기회를 활용하십시오. 어느 날, 전화벨이 울렸습니다. 뉴멕시코의 세일즈맨이 저에게 무엇인가를 팔려고 했습니다. 저는 그의 이야기를 듣다가 '관심 없습니다'라고 말했습니다. 그가 또 다시 같은 말을 되풀이하려고 해서 저는 '질문 하나 해도 될까요? 혹시 신앙을 갖고 계세요?'라고 물었습니다. 저는 그때 무엇인가를 깨달았습니다. 하나님께서는 콜로라도 원저에서만이 아니라 세계 전역에서 역사하고 계십니다. 그 세일즈맨은 그리스도께 마음을 드렸고 그로 인해 저는 고무되었습니다."

당신에게 주어진 기회를 모두 활용하라. 당신은 데이브 코치처럼 하나님께서 역사하시는 것을 보고 그분과 함께할 때 완전한 기쁨을 주시는 그분에게 감사하게 될 것이다.

복습

결단을 위한 질문:

1. 당신은 죄인입니까?
2. 당신의 죄를 용서받기를 원하십니까?
3. 예수님이 당신을 위해 십자가에서 돌아가시고 부활하신 사실을 믿습니까?
4. 당신의 삶을 예수 그리스도께 기꺼이 드리겠습니까?
5. 예수님을 당신의 삶과 마음에 맞아들일 준비가 되었습니까?

이러한 질문들을 한 후에는 반드시 침묵하며 기도하라! 상대방이 다섯 번째 질문에 "예"라고 대답하면 기도를 통해 그를 인도하라. "하늘에 계신 아버지, 저는 당신에게 죄를 지었습니다. 저의 모든 죄를 용서받길 원합니다. 예수님이 저를 위해 십자가에서 죽으시고 부활하신 것을 믿습니다. 아버지, 저의 삶을 당신께 드리니 당신이 원하시는 대로 사용하여 주소서. 예수 그리스도께서 제 삶과 마음에 들어오시길 원합니다. 예수님의 이름으로 기도합니다. 아멘."

이러한 질문들과 기도를 당신의 성경책에 적어 두라. 다음 장에서는 예수님께 "예"라고 대답한 사람을 인도하는 방법을 살펴보겠다.

제7장
교회의 문 안까지 동행하라

내가 믿음을 나누는 사람이 그리스도를 영접하면, 나는 막 일어난 일을 다시 한 번 확인한다. 누군가가 부끄러워하지 않고 복음을 입으로 시인할 수 있을 때 그에게는 그것이 믿음의 첫 발을 내딛는 것이기 때문이다. 성경은 고린도전서 12장 3절에서 "성령으로 아니하고는 누구든지 예수를 주시라 할 수 없느니라"고 말한다.

나는 전 날 저녁에 친구 제리에게 전화를 했다. 제리는 전화를 받아 이렇게 말했다. "윌리엄, 여기 자네가 만나 봐야 할 사람이 있네. 브렌다에게 빅뉴스가 있데."

제리는 브렌다에게 수화기를 건넸고 나는 무슨 일이 있을지 알고 있었기에 웃지 않을 수 없었다. 내가 물었다. "브렌다, 어떻게 지내세요?"

그녀가 말했다. "안 들려요. 여기가 너무 시끄러워서요."

"왜요? 거기 무슨 일 있어요?"

"방금 제 삶을 예수님께 드렸어요!"

"어떻게요?"

"저는 결혼 생활과 직장 생활이 모두 만족스러웠지만 왠지 모르게 삶이 공허하게 느껴졌어요. 그런데 한 친구가 제리를 소개해 주었어요. 제리가 저더러 몇몇 성경 구절을 소리 내어 읽으라고 하고는 그 구절이 무슨 뜻인지 물어보았어요. 그때 저는 제게 예수님이 얼마나 필요한지 깨달았어요."

"몇 가지 질문을 해도 될까요?"

브렌다가 웃으면서 말했다. "선생님도 질문하시려고요?"

"그리스도께서 당신의 죄를 얼마나 사해 주셨나요?"

"전부 다요."

"하나님께서 당신의 죄를 얼마나 기억하시는지 알고 있나요?"

"예, 알고 있어요. 전혀 기억하지 않으세요."

나는 미소를 지었다.

"바로 맞았어요. 예수님이 어디에 계시나요?"

그녀가 즐거운 목소리로 대답했다.

"제 마음속에 계세요."

얼마나 경사스러운 순간인가! 브렌다는 정말로 자신을 그리스도께 드렸다. 여기서 제리와 나는 브렌다를 후속 조치 없이 그냥 내버려 두어서는 안 된다는 점에 주의해야 했다. 우리는 브렌다가 주님과 보다 깊은 관계에 이르도록 그녀를 이끌어 주어야 했다. 새신자를 돕는 첫 번째 단계가 바로 내가 브렌다에게 물었던 그 질문들을 하는 것이다.

새신자를 위한 질문과 인도

내가 가장 먼저 했던 질문들은 다음과 같다.

1. 그리스도께서 당신의 죄를 얼마나 사해 주셨나요?
내가 이렇게 묻는 것은 그리스도께서 나의 죄뿐만 아니라 그녀의 죄도 사하셨다는 것을 그녀에게 이해시키기 위해서였다. 요한일서 2장 2절은 "그는 우리 죄를 위한 화목 제물이니 우리만 위할 뿐 아니요 온 세상의 죄를 위하심이라"고 말한다. 분명히 그리스도께서는 우리 모두를 위해, 그리고 우리의 모든 죄 때문에 죽으셨다.

나는 그녀가 내 질문에 "전부 다요"라고 대답하는 것을 듣고 그 다음 질문으로 넘어갔다.

2. 그리스도께서 당신의 죄를 얼마나 기억하시나요?
이러한 질문에 새신자는 "전혀 기억하지 않으십니다"라고 대답해야 한다. 당신은 새신자에게 "또 그들의 죄와 그들의 불법을 내가 다시 기억하지 아니하리라 하셨으니"라는 히브리서 10장 17절 말씀을 상기시킬 수 있을 것이다. 새신자가 자신은 새로운 피조물임을 깨닫는 것이 중요하다. 고린도후서 5장 17절은 이렇게 말씀한다. "그런즉 누구든지 그리스도 안에 있으면 새로운 피조물이라 이전 것은 지나갔으니 보라 새 것이 되었도다."

3. 그리스도께서 어디에 계시나요?
우리는 "제 안에 계세요"라는 대답을 기대한다. 갈라디아서 2장 20

절은 이렇게 말씀한다. "내가 그리스도와 함께 십자가에 못 박혔나니 그런즉 이제는 내가 사는 것이 아니요 오직 내 안에 그리스도께서 사시는 것이라…"

이 구절은 매우 중요한 뜻을 내포하고 있다. 나는 새신자에게 이제 그는 그리스도와 관계를 맺게 되었다는 사실을 확실히 이해시키기를 원한다. 그런 후에 다음과 같이 말한다.

4. 기도합시다

나는 새신자에게 하나님과 이야기하는 법을 가르치는 일을 매우 좋아한다. 나는 새신자에게 이렇게 말한다. "먼저 '하늘에 계신 아버지'라고 한 다음에 당신의 마음에 있는 것을 그분께 이야기하세요. 이야기가 끝났으면 '예수님의 이름으로 기도합니다'라고 하세요."

내가 들은 기도는 10초에서 10분까지 다양하다. 길이는 중요하지 않다. 중요한 것은 기도의 과정을 시작했다는 것이다.

5. 당신을 위해 기도하는 사람이 있나요?

나는 새신자에게 "당신을 위해 기도하는 사람이 있나요?"라고 늘 묻는다. 나의 경험에 비추어 볼 때, 95%의 사람들이 누군가 자신을 위해 기도한다는 사실을 안다. 대개는 어머니, 아버지, 할머니, 친구, 동료, 가족, 학교 친구들이 자신을 위해 기도한다고 말한다. 그러면 나는 다음 질문으로 넘어간다.

6. 그 사람이 어느 교회에 출석하는지 알고 있나요?

내가 이러한 질문을 하는 것은 새신자를 위해 기도하는 친구나 가족,

동료가 성경에 기초한 교회에 출석하며 성경에 기초한 그리스도인인지 확인하기 위해서이다. 만약 그런 것으로 확인되면, 나는 그 사람에게 이렇게 말한다.

7. 그 사람의 전화번호를 아십니까? 지금 그에게 전화합시다

전화기가 가까이 있다면, 나는 이렇게 묻는다. "그 사람의 전화번호를 아십니까?"

우리는 즉시 그에게 전화를 건다. 상대방은 대개 눈물을 흘리면서 이렇게 말한다. "방금 제 삶을 예수님께 드렸어요. 이 사실을 알려 주려고 전화했어요."

그러면 전화를 받는 사람은 매우 기뻐한다. 물론 새신자로 하여금 그를 위해 기도하는 사람에게 전화를 걸게 하는 중요한 이유 중의 하나는 그리스도의 몸 된 교회에 기쁨을 되돌려주기 위해서이다. 나는 나의 기쁨을 모두가 나누길 원한다.

또 하나의 이유는 새신자가 자신의 믿음을 다른 사람과 나누도록 하기 위해서이다. 예수 그리스도를 믿는 믿음을 다른 사람들과 나누는 일은 새신자에게도 매우 중요하기 때문이다. 그러하기에 로마서 10장 9절은 이렇게 말씀한다. "네가 만일 네 입으로 예수를 주로 시인하며 또 하나님께서 그를 죽은 자 가운데서 살리신 것을 네 마음에 믿으면 구원을 받으리라."

또한 예수님은 누가복음 9장 26절에서 친히 이렇게 말씀하셨다. "누구든지 나와 내 말을 부끄러워하면 인자도 자기와 아버지와 거룩한 천사들의 영광으로 올 때에 그 사람을 부끄러워하리라."

이러한 이유만으로도 당신이 얻은 구원의 복된 소식을 알리는 일은 중요하다. 여기에 덧붙여 나는 새신자가 하나님께서 그의 삶에서 이루신 일을 편안하게 나누기를 바란다.

앨런의 경우는 새신자가 용기를 얻어 자신의 믿음을 나눌 때 어떤 일이 일어날 수 있는가 보여 주는 좋은 예이다. 앨런이 그리스도인이 된 후에 가장 먼저 만난 사람은 그의 세 자녀였다. 그는 자녀들에게 복음을 전했고, 몇 주 만에 자신의 믿음을 수십 명의 사람들과 나누었다.

앨런은 유혹이 될 수도 있었던 순간까지도 복음을 전하는 기회로 사용했다. 한 여자 친구가 그에게 전화를 걸어 이혼을 생각하고 있으며 그의 위로가 필요하다고 했을 때, 앨런은 대화 주제를 바꾸어 이렇게 물었다. "질문 하나 해도 될까? 신앙을 갖고 있니?"

앨런은 자신의 믿음을 나누던 중에 그 친구가 그리스도인이라는 것을 알았으며, 그에게 바른 길을 가라고 독려했다.

8. 저와 함께 교회에 가시겠어요?

친구가 그리스도를 구주로 영접했을 때 가장 중요한 일 중의 하나는, 그가 교회의 일원이 되게 하는 것이다. 이것은 그리스도의 몸뿐만이 아니라 영적 성장에 있어서도 중요하다.

나는 홀리를 수년 전에 만났다. 그녀는 그리스도를 영접했고, 나는 그녀를 좋은 목회자가 시무하는 교회에 연결시켜 주었다. 그로부터 몇 달 후, 홀리가 내게 전화를 걸어 울면서 말했다. "요즘 정말 힘들어요. 먹을 것을 찾느라고 쓰레기통을 뒤지고 있어요."

나는 즉시 그녀의 담임목사에게 전화를 했고 그 목사와 함께 홀리를 만났다. 이야기를 나누는 동안 홀리는 자신의 삶을 예수님께 되돌려드렸다. 감사하게도 홀리에게는 그녀에게 손을 내밀며 그녀가 돌이

키도록 도와줄 수 있는 좋은 목회자와 좋은 교회의 후원이 있었다.

나는 몇 년 전에 새신자들의 삶을 바꿔 놓는 또 하나의 모범적인 교회와 목회자를 만났다. 어느 주일 아침 내가 설교를 마쳤을 때, 칼턴은 주님의 초청에 응답했다. 그는 침묵의 죄를 회개하려고 몰려나온 사람들 틈에 있었기 때문에 그 목회자와 나는 그가 그리스도께 자신의 삶을 드리려고 나온 것을 깨닫지 못했다.

칼턴의 새롭게 시작한 믿음의 삶은 그리 쉽지 않았다. 그날 오후, 그의 약혼녀는 그가 다른 여자와 이야기하는 것을 보았다. 그녀는 약혼 반지를 빼버리고 눈물을 흘리면서 레스토랑을 나갔다. 그날 밤, 칼턴은 비에 흠뻑 젖은 강아지 꼴로 다시 세미나에 참석했다. 그는 강사 목회자에게 "그리스도에 대한 저의 믿음에 충실하고 싶어요. 하지만 제 삶이 갈기갈기 찢기고 있는 듯해요"라고 고백했다.

그 강사 목회자가 가장 먼저 한 일은 명확히 하는 것이었다. "형제님은 삶에서 정말 하나님의 뜻을 따르길 원하세요? 그렇다면, 약혼녀와의 동거를 중단해야 합니다."

칼턴은 약혼녀인 게일의 아파트에서 나오겠다고 했다. 그 목회자는 칼턴이 살 곳을 찾아 주었으며 그와 함께 기도하고 성경 공부를 하면서 그를 제자로 삼았다. 게일이 칼턴의 생활과 마음에서 일어나는 변화를 눈치 채지 못할 리 없었다. 그녀는 감동을 받아 그가 전하는 복음에 귀를 기울였으며 그리스도를 자신의 구주로 영접했다. 얼마 후, 그 목회자는 칼턴과 게일의 소박한 결혼식에 주례를 서 주었다. 신랑과 신부의 얼굴은 결혼에 대한 기쁨으로 빛이 났으며, 여기에 순종하며 그리스도를 따르는 기쁨도 한데 어우러졌다. 그들 부부는 지금 주님 안에서 함께 성장하고 있으며 많은 사람에게 예수 그리스도의 복음을 전하고 있다.

그들은 새신자를 후원하는 참으로 모범적이고 아름다운 교회와 목사이다. 당신이 전한 복음을 받아들인 사람도 그리스도의 몸으로부터 후원을 받아야 할 것이다. 그가 가까이 산다면 이렇게 물어라. "저와 함께 교회에 나가시겠습니까?"

이렇게 제안하고 후속 조치를 취하길 바란다. 돌아오는 주일에 그를 태우고 교회에 가라. 이렇게 하면 그가 알지 못하는 것에 대한 두려움을 떨치는 데 도움이 될 것이다. 일단 교회에 가면, 그를 목회자에게 소개하라. 이런 방법으로 새신자를 제자 삼는 것은 존귀한 일이다. 당신은 그의 믿음이 깊어짐에 따라 기쁨도 커지는 것을 볼 수 있을 것이다.

상대방이 멀리 살거나 당신의 교회에 출석할 수 없는 상황이라면 이렇게 물어보라. "작은 교회와 큰 교회 중에서 어느 쪽이 더 편하십니까?"

몇몇 교회는 당신이 직접 찾아가 봐야 할 수도 있다. 그러나 전화 몇 통만으로도 상대방이 사는 지역에서 그가 선호하는 규모와 성경을 보는 교회를 찾을 수 있을 것이다. 상대방이 특별히 교회의 규모를 가리지 않는다면 그의 집에서 가까운 교회를 알려 주라. 또한 그에게 그 교회 담임목사의 이름과 전화번호도 알려 주라.

나는 다른 도시에서 만난 사람을 그리스도께로 인도할 때가 가끔 있다. 따라서 내가 아닌 다른 사람이 새신자를 처음으로 교회로 인도할 경우가 생긴다. 그러나 나는 새신자가 자신의 교회를 찾는 과정을 시작하도록 도울 수 있기 때문에 이것 역시 문제가 되지 않는다. 이럴 때 나는 이렇게 한다.

- 새신자가 사는 지역에서 좋은 교회를 찾아본다.
- 담임목사에게 전화를 걸어 상대방(새신자)의 이름과 전화번호를 알려 준다.
- 새신자에게 전화를 해 달라고 담임목사에게 부탁한다. 통화만 된다면 누가 먼저 전화하느냐는 상관없다. 그래서 나는 목회자와 통화하면서 목회자 본인이나 그가 지명하는 다른 누군가가 새신자에게 전화를 하겠다는 약속을 받아낸다. 목회자로 하여금 새신자에게 전화를 걸게 하는 것은, 새신자에게 예배 시간을 알려 주고 그를 현관에서 맞아주며 그의 질문에 답하고 그가 주일학교나 소그룹에 참여하도록 도와주도록 하기 위해서이다. 이렇게 한 후에야 마음을 놓을 수 있다.
- 나는 또 다음 날 목회자에게 다시 전화를 걸어 약속을 지켰는지 확인한다.

당신이 사는 곳이 새신자의 집에서 멀다면 이러한 절차를 통해 새신자가 자신에게 맞는 교회를 찾도록 도울 수 있다.

9. 요한복음을 읽어 보세요

상대방이 그리스도인이 되면 나는 브렌다에게 했듯이 곧바로 그날 저녁에 과제를 내 준다. "오늘밤에 요한복음을 읽어 보세요. 요한복음이 전과는 분명히 다르게 읽힐 겁니다." 성경 말씀이 새신자에게 전과 다르게 보이는 것은 전에 보지 못했던 의미를 깨닫기 때문이다.

나는 새신자가 과제를 잘 따랐는지 확인하기 위해서 다음과 같이 부탁한다.

10. 내일 전화할 테니 정말 말씀이 전과 다르게 보이는지 알려 주세요

하루나 이틀 후에 전화를 걸어 당신이 내 준 과제를 했는지 확인하라. 그가 과제를 다 했다면 물어보라. "성경이 정말 다르게 보였나요?"

그가 "예"라고 대답하면 이렇게 말하라. "아마 다르게 보였을 겁니다. 그렇다고 성경이 변한 건 아니지요. 당신이 변한 것입니다. 다른 변화들도 알게 될 겁니다. 예를 들면, 하루나 이틀 후면 당신이 예전에 했던 말들이 잘못이었음을 깨닫게 될 것입니다. 그것은 그리스도께서 당신 안에 거하신다는 증거입니다. 당신은 이제 자신을 위해서가 아니라 그리스도를 위해서 살게 될 것입니다."

고린도후서 5장 15절은 이렇게 말씀한다. "그가 모든 사람을 대신하여 죽으심은 살아 있는 자들로 하여금 다시는 그들 자신을 위하여 살지 않고 오직 그들을 대신하여 죽었다가 살아나신 이를 위하여 살게 하려 함이라."

제자를 삼는 데 있어서 후속 조치는 왜 필요한가?

왜 우리는 새신자에게 계속 후속 조치를 취해야 하는가? 어쨌든 그는 그리스도를 향해 이미 결단을 내리지 않았는가? 그렇다면 우리 일은 다 끝나지 않았는가? 전혀 그렇지 않다. 첫혀, 예수님은 우리에게 제자를 삼으라고 말씀하셨다. 마태복음 28장 19, 20절은 이렇게 말씀한다. "그러므로 너희는 가서 모든 민족을 제자로 삼아 아버지와 아들과 성령의 이름으로 세례를 베풀고 내가 너희에게 분부한 모든 것을 가르쳐 지키게 하라 볼지어다 내가 세상 끝날까지 너희와 항상 함께 있으리라 하시니라."

제자란 무엇인가? 첫째, 제자는 거듭난 성도이다. 둘째, 제자는 그리스도와의 관계가 계속 성장해야 한다.

새신자는 아기와 같다고 생각해 보자. 새신자는 많은 보살핌과 영양 공급을 필요로 한다. 새신자는 기도와 말씀 묵상과 교제와 예배와 섬김을 통해 어른으로 성장한다.

우리에게는 새신자가 성장하는 데 필요한 모든 것을 공급해 줄 책임이 있다.

내 친구 제리는 이 원리를 제대로 이해하고 있다. 그래서 그는 후속 조치를 취하고 브렌다에게 성경적인 좋은 교회를 찾아 줄 수 있었다. 브렌다의 여정은 이제 막 시작되었다. 믿음이 성장함에 따라 그녀는 살아가면서 최상의 순간뿐만 아니라 최악의 순간에도 하나님의 인도하심과 그분의 위로를 깨닫게 될 것이다. 브렌다 앞에는 흥미진진한 여정이 놓여 있다. 놀라운 사실은 이제 그녀는 혼자가 아니라는 것이다.

다음 장에서는 가장 흔히 접하는 서른여섯 가지 반론에 대응하는 방법을 살펴보겠다.

복습

상대방이 주님을 영접한 후에는 다음과 같이 질문하라. 새신자를 위한 질문과 인도를 성경책 여백에 기록해 두면 좋을 것이다.

1. 그리스도께서 당신의 죄를 얼마나 사해 주셨나요?
2. 그리스도께서 당신의 죄를 얼마나 기억하시나요?

3. 그리스도께서 어디에 계시나요?
4. 기도합시다(새신자는 마음에 있는 것을 말해야 한다).
5. 당신을 위해 기도하는 사람이 있나요?
6. 그 사람이 어느 교회에 출석하는지 알고 있나요?
7. 그 사람의 전화번호를 아십니까? 지금 그에게 전화합시다.
8. 저와 함께 교회에 가시겠어요?
9. 요한복음을 읽어 보세요.
10. 내일 전화할 테니 말씀이 전과 다르게 보이는지 알려 주세요.

제8장

예상되는 반론에 대한 답변을 미리 준비하라

반론에 대응하는 가장 좋은 방법은 간단히 "왜죠?"라고 묻는 것이다. 누군가가 "저는 아직 준비가 안 됐어요"라고 말한다면 그 이유를 섣불리 추측하지 말라. 그 대신에 심리 치료사가 하듯이 하라. 많은 사람이 그저 "왜 그렇게 느끼세요?"라는 심리 치료사의 물음에 시간당 수 백 달러를 기꺼이 지불한다는 사실에 주목하라. 심리 치료사가 "왜죠?"라고 묻는 것은 상대방의 대답을 듣기 전까지는 이유를 알 수 없기 때문이다.

'왜'의 원리는 우리에게도 효과가 있을 것이다. 어떤 사람이 그리스도를 영접할 준비가 되어 있지 않은 이유가 무엇인지 당신이 안다고 생각하지 말라. 그 대신 "왜죠?"라고 물어라. 그것이 상대방이 자신의 진짜 문제를 토로하게 하는 유일한 방법이다.

그 방법은 다음과 같이 적용될 수 있다.

당　신: 예수 그리스도를 당신의 삶에 맞아들일 준비가 됐나요?
상대방: 아니오.
당　신: 왜죠?
상대방: 준비가 안 됐어요.
당　신: 왜죠?

당신이 "왜죠?"라고 물은 이상 상대방은 자신의 진짜 문제를 토로할 것이다. 예를 들면, 그는 이렇게 말할 것이다. "아내가 저를 떠나려 해요." "저는 파티가 좋아요." "친구들을 잃게 될 거예요." 일단 문제를 알아야 그것들을 다룰 수 있다. 그리고 상대방 역시 진짜 이유를 말하면서 스스로도 놀랄 것이다.

'왜'의 원리가 다음과 같이 적용되었던 적이 있었다. 나는 한 남자와 대화를 나누고 있었다. 그는 내게 "저는 예수 그리스도를 영접할 준비가 안 됐어요"라고 말했다. 나는 "왜죠?"라고 물었다.

그는 자신의 일에 대해 이런저런 이야기를 하더니 이야기를 끝내면서 다음과 같이 덧붙였다. "말이 안 되죠? 그렇죠?"

나는 "그렇지 않습니다. 당신의 삶을 그리스도께 드릴 준비가 되었나요?"라고 말했다. 그는 준비가 됐다고 대답했으며 실제로 그의 삶을 그리스도께 드렸다.

상대방이 거부하는 진짜 이유를 알았을 때 결코 논쟁하려 하지 말라. 당신이 옳고 상대방은 틀렸다는 것을 증명하려 하지 말라. 대신에 사랑으로 예수님을 전하라. 옛말에도 있듯이 "움켜쥔 주먹이나 신랄한 논쟁으로 사랑을 표현할 수는 없다." 그러므로 침착하라. "왜죠?"라고 물어라. 그런 후에 상대방이 거부하는 이유에 귀를 기울여라. 이것이 하나님과 친구에 대한 당신의 사랑을 보여 줄 수 있는 가장 좋은 방법이다.

가장 흔한 서른여섯 가지 반론과 답변

여기서는 내가 들은 가장 일반적인 서른여섯 가지 반론에 대한 답변을 살펴보기로 하겠다. 그러나 이 답변들을 외우려 하지 말라. 대신에 이것을 읽고 공부하면서 준비하라. 성경은 이렇게 말한다. "너희 마음에 그리스도를 주로 삼아 거룩하게 하고 너희 속에 있는 소망에 관한 이유를 묻는 자에게는 대답할 것을 항상 예비하되 온유와 두려움으로 하고"(벧전 3:15).

다음은 서른여섯 가지 반론 가운데 가장 일반적인 열 가지이다. 각 문장 끝에 있는 숫자는 본 장과 〈부록3〉에 답변이 제시되어 있는 문항의 번호이다.

1. 저는 준비가 안 됐어요. (18)
2. 제가 주를 영접하면 친구들이 저를 미쳤다고 생각할 겁니다. (24)
3. 제 가족은 어떻게 되나요? (32)
4. 나쁜 짓을 별로 안했어요. (21)
5. 지금 매우 행복해요. (14)
6. 왜 하나님께서는 나쁜 일들이 일어나도록 허락하시나요? (34)
7. 하나님께 가는 길은 많아요. (27)
8. 세상에는 종교가 많아요. (28)
9. 늘 하나님을 믿어 왔어요. (20)

10. 교회에는 위선자들이 너무 많아요. (31)

다음은 서른여섯 가지 반론과 그에 대한 답변이다. 서른여섯 가지 반론에 대한 전체적인 목록과 거기에 답하는 성경 구절을 빨리 찾아보려면 〈부록3〉을 보라.

1. 그리스도인에게 상처를 받았어요

제니는 다음과 같이 말한다. "제가 아는 그리스도인들은 모두가 무례하고 공공연하게 저를 회심시키려고 해요. 그들이 원하는 대로 반응하지 않으면 그들과의 좋던 관계도 깨져버려요. 그리스도인들은 저를 깔보는 것 같아요."

나는 이런 말을 들으면 다음과 같이 말한다. "그런 일이 있었다니 죄송합니다. 제가 그 사람들을 대신해서 사과할 테니 받아 주시겠습니까?"

주목하기 바란다. 제니의 생각이 타당한지는 알 길이 없다. 그러나 제니 본인이 그렇게 느끼는 한 그녀의 생각이 타당한지는 중요하지 않다. 따라서 나는 그녀가 받은 상처를 감싸 안으며 이렇게 말한다. "자매님의 아버지가 율법주의자였다면, 혹은 어떤 그리스도인이 화를 내면서 자매님에게 복음을 강요했다면 정말 죄송합니다. 그들을 대신해서 사과드립니다. 예수님이라면 자매님에게 그렇게 하지 않으셨을 것입니다."

나는 제니에게, 그리고 그녀와 같은 경험을 한 사람들에게 가끔 이렇게 말한다. "누군가를 사랑하려고 노력했지만 상처를 받은 적이 있습니까? 당신은 좋은 의도로 했는데 일이 제대로 되지 않았지요. 당신의 친구도 당신에게 예수님을 전하고 싶었는데 잘못된 것이었다고 생각하지는 않습니까?"

눈치 챘겠지만 나는 언제나 질문한다. 절대로 논쟁하지 않는다. 당신이 상대방으로 하여금 적대감을 표출하도록 허락한다면 그의 적대감은 사라질 것이다. 그는 이렇게 말할 것이다. "당신이 제 친구에 대해서 한 말이 맞아요. 하지만 어떤 그리스도인들은 매우 편협하고 화를 잘 내는 것 같아요."

그러면 나는 이렇게 말한다. "알다시피, 당신과 예수님은 이미 한 가지 공통점이 있어요. 그분도 그런 행동을 좋아하지 않습니다. 그런데 당신은 예수님이 어떤 분이라고 생각하세요?"

2. 이단 종파가 해결책인가요?

이단 종파의 신자들은 쉽게 분별된다. 왜냐하면 그들은 예수 그리스도의 신성을 부인하며, 인간의 노력으로 구원을 얻을 수 있다고 가르치기 때문이다. 그렇지만 그들은 애매모호하게 말하기 때문에 그들이 믿는 것을 분별하기가 어려울 수 있다. 그들은 당신의 신뢰를 얻으려고 기독교 용어에 이중적 의미를 부여할 것이기 때문이다.

이단 종파와 관련된 사람을 만나면 논쟁하려 하지 말라. "당신이 믿는 것이 진리인지 아닌지 알고 싶습니까?"라고 직접적으로 물어보라.

어느 날 아침이었다. 외출 준비를 하고 있는데 한 손에 서류 가방을 든 한 여인이 열 살가량 되는 사내아이와 함께 집 앞에 서 있는 것이 보였다. 나는 그들이 '여호와의증인'이라는 것을 바로 알아차렸다. 나는 급하게 볼 일이 있었지만 복음을 전할 기회를 놓치고 싶지 않았다.

내가 문을 열자 그 여자가 말했다. "안녕하세요? 워치타워에서 왔습니다."

나는 곧바로 대응했다. "당신이 믿는 것이 진리인지 아닌지 알고 싶습니까?"

"제가 믿는 것은 진리입니다. 그래서 그 진리를 전하러 왔습니다."

나는 다시 물었다. "당신이 믿는 것이 진리가 아니라면 진정한 진리를 알고 싶습니까?"

"저는 진리를 알고 있습니다."

내가 같은 질문을 열두 번이나 한 뒤에야 그녀는 인정했다. "예, 알고 싶습니다."

그녀는 나를 두 번 찾아왔으며, 지금도 나는 그녀에게 복음을 전하고 있다.

나의 다음 질문은 "예수 그리스도는 누구신가요?"이다.

이 질문에 이단 종파의 추종자들은 대개 "선한 선생이었어요"라고 대답한다.

그러면 나는 이렇게 묻는다. "선한 선생이 거짓을 가르치나요?"

"선한 선생은 거짓을 가르치지 않습니다."

"예수님이 자신을 가리켜 하나님이라고 하셨다는 사실이 흥미롭지 않습니까?"

나의 성경 책 뒤쪽에는 그리스도의 신성을 보여 주는 성경 구절들이 기록되어 있다. 나는 성경 책을 펴서 그 구절을 보여 준다. 당신의 성경 책에도 다음 구절들을 적어 두면 좋을 것이다.

- "나와 아버지는 하나이니라"(요 10:30). 문자 그대로 예수님과 하나님 아버지는 그 본질이 같다.

- "너희가 나를 알았더라면 내 아버지도 알았으리로다 이제부터는 너희가 그를 알았고 또 보았느니라"(요 14:7).
- "주 하나님이 이르시되 나는 알파와 오메가라 이제도 있고 전에도 있었고 장차 올 자요 전능한 자라 하시더라"(계 1:8). 우리는 이것이 예수님이 요한계시록 1장 8절에서 하신 말씀이라는 것을 안다. 왜냐하면 요한계시록은 다음과 같은 말씀으로 끝나기 때문이다.
- "이것들을 증언하신 이가 이르시되 내가 진실로 속히 오리라 하시거늘 아멘 주 예수여 오시옵소서"(계 22:20).
- 다음의 구절도 그리스도의 신성을 설득력 있게 증명해 준다. "그는 보이지 아니하는 하나님의 형상이시요 모든 피조물보다 먼저 나신 이시니 만물이 그에게서 창조되되 하늘과 땅에서 보이는 것들과 보이지 않는 것들과 혹은 왕권들이나 주권들이나 통치자들이나 권세들이나 만물이 다 그로 말미암고 그를 위하여 창조되었고"(골 1:15, 16).
- "아브라함이 나기 전부터 내가 있느니라"(요 8:58). 유대인들은 예수님이 "내가 있느니라"라고 말씀하실 때 자신을 가리켜 하나님이라고 하신다는 것을 알고 있었다. 예수님은 출애굽기 3장 14절에 나오는 하나님의 신적인 이름을 언급하고 계셨다. 하나님께서는 모세에게 이렇게 말씀하셨다. "나는 스스로 있는 자이니라 또 이르시되 너는 이스라엘 자손에게 이같이 이르기를 스스로 있는 자가 나를 너희에게 보내셨다 하라"(출 3:14).
- "유대인들이 이로 말미암아 더욱 예수를 죽이고자 하니 이는 안식일을 범할 뿐만 아니라 하나님을 자기의 친 아버지라 하여 자

기를 하나님과 동등으로 삼으심이러라"(요 5:18).

나는 또한 이단 종파의 추종자들에게 예수님이 자신을 예배하는 것을 어떻게 허락하셨는지 보여 주는 구절도 제시한다.

- "이르되 주여 내가 믿나이다 하고 절하는지라"(요 9:38).
- "도마가 대답하여 이르되 나의 주님이시요 나의 하나님이시니이다 예수께서 이르시되 너는 나를 본 고로 믿느냐 보지 못하고 믿는 자들은 복되도다 하시니라"(요 20:28, 29).
- "또 그가 맏아들을 이끌어 세상에 다시 들어오게 하실 때에 하나님의 모든 천사들은 그에게 경배할지어다 말씀하시며"(히 1:6).

그런 다음에는 이렇게 묻는다. "예수님이 죄를 지으신 적이 있나요? 없다고요? 맞습니다. 그분은 생각으로나 행동으로나 결코 죄를 짓지 않으셨습니다."

- "우리에게 있는 대제사장은 우리의 연약함을 동정하지 못하실 이가 아니요 모든 일에 우리와 똑같이 시험을 받으신 이로되 죄는 없으시니라"(히 4:15).

나는 이단 종파의 추종자에게 이렇게 말한다. "그분은 당신과 저를 위해 죄를 지셨습니다. 그분은 우리에게 주 하나님만 예배하라고 가르치셨습니다. 그분이 죄를 지으셨다면 왜 자신을 예배하도록 허락하셨겠습니까?"

나는 또한 이렇게 묻는다. "하나님 외에 누가 죄를 사하실 수 있습니까? 예수님이 하나님이 아니시라면 어떻게 죄를 사하시며 또한 죄를 짓지 않으실 수 있겠습니까?"

- "침상에 누운 중풍병자를 사람들이 데리고 오거늘 예수께서 그들의 믿음을 보시고 중풍병자에게 이르시되 작은 자야 안심하라 네 죄 사함을 받았느니라… 그러나 인자가 세상에서 죄를 사하는 권능이 있는 줄을 너희로 알게 하려 하노라 하시고 중풍병자에게 말씀하시되 일어나 네 침상을 가지고 집으로 가라 하시니 그가 일어나 집으로 돌아가거늘"(마 9:2~7).

이러한 증거 앞에서조차, 어떤 이단 종파의 추종자들은 예수님은 성부 하나님이시자 성자 하나님이시라는 사실을 이해하기 어려워할 것이다. 최근에 린다는 '여호와의증인'과 그의 어린 아들을 문 앞에서 만났다. 린다는 아이의 아빠에게 이렇게 설명했다. "당신은 아들이자 아버지입니다. 당신은 아들과 아버지라는 서로 다른 역할을 수행하지만 동일한 한 사람입니다. 이와 마찬가지로 하나님은 성자 하나님이시자 동시에 성부 하나님이십니다. 그분은 여러 가지 다른 역할들을 담당하시지만 동일한 한 분이십니다."

린다는 다음과 같이 증언한다. "저는 이렇게 설명하면서 작은 불빛이 깜빡이는 것을 볼 수 있었습니다. 그들이 그 자리에서 반응을 보이지 않았어도 언젠가 마음을 열어 복음을 받아들이게 해 달라고 저는 기도하고 있습니다."

예수님이 하나님이시라는 데 상대방이 동의하면 나는 바로 예수님을 전한다. 당신도 "저는 그렇게 착하지 못해요"라는 '반론17'에 제시된 성경 구절을 사용할 수 있을 것이다.

이단 종파의 추종자들은 당신의 집을 두드릴 때 고참과 신참이 한 팀이 되어 찾아온다. 신참은 훈련받는 중일 가능성이 높다. 나는 언제나 고참에게 초점을 맞춘다. 그리고 대화가 끝나면 두 사람 모두에게 나의 전화번호를 적어 준다. 나중에 그들이 나와 개인적으로 이야기하고 싶을 때 전화할 수 있게 하기 위해서이다.

한편 '여호와의증인'에게는 당신과 함께 기도하거나 당신의 자료를 취하는 게 허락되지 않는다는 사실에 주의하라. 왜냐하면 그들은 당신이 이단이라고 생각하기 때문이다. 나는 그들이나 그 밖의 이단 종파 추종들과 자리를 같이할 때면 "저는 성경을 펴고 나서 늘 먼저 기도를 합니다"라고 말하고 나서 머리를 숙여 기도하면서 복음 전체를 제시한다. 이 순간에 그들의 눈과 귀가 열릴 수 있다. 나는 이런 식으로 방해받지 않고 복음 전체를 제시한다.

당신은 특정한 이단 종파가 믿는 것에 대해 전문가가 아니라도 당신의 믿음을 효과적으로 나누고 예수님이 주라고 하시는 사실을 부드럽게 제시할 수 있다. 그러나 기억하라. 우리는 한 몸이며, 하나님께서는 몸의 각 지체들에 각기 다른 은사를 주셨다. 당신의 역할은 그저 질문하고 성경 구절을 제시하면서 준비하는 것에 그칠 수도 있다. '난관'에 봉착할 때 두려워하지 말고 친구나 목사님, 혹은 '전문가'에게 도움을 구하라. 당신은 그들에게 이단 종파의 추종자를 주님께 인도하는 데 은사를 사용할 기회를 주는 것이다. 나는 그렇게 함으로써 놀라운 결과를 얻었다.

3. 하나님도 저를 용서하지 못하실 겁니다

나는 종종 "하나님도 저를 용서하지 못하실 겁니다"라는 말을 듣는다.

이러한 반대 이유를 들으면 나는 "누구든지 주의 이름을 부르는 자는 구원을 받으리라"는 로마서 10장 13절 말씀을 제시하면서 상대방에게 소리 내어 읽어 보라고 한다.

한 남자가 내게 이렇게 말했다. "하나님이라도 제가 한 모든 짓 때문에 저를 용서하지 못하실 겁니다. 저는 저의 가족과 제 삶을 망쳐 놓았고, 너무나 많은 사람에게 상처를 주었습니다."

나는 로마서 10장 13절을 펼쳐 보이면서 "소리 내어 읽어 보시겠어요?"라고 했다.

그가 소리 내어 읽은 뒤에 나는 다음과 같이 물었다. "성경이 뭐라고 말씀하나요?"

그는 전율하기 시작했다.

내가 말했다. "보세요. 성경을 보면 하나님께서는 회개하는 살인자를 용서하신다고 말하죠?"

"네."

"그분이 은행 강도를 용서하실까요?"

"네."

"그분이 결혼 생활을 망치고 다른 사람들에게 상처를 준 사람을 용서하실 수 있을까요?"

놀랍게도, 그는 "저도 용서받을 수 있어요!"라고 소리쳤다. 그런 후 그는 테이블에 엎드려 울기 시작했다. 잠시 후, 우리는 손을 잡고 죄인을 위한 기도를 드리면서 그의 모든 죄에 대해 하나님께 용서를 구했고 그리스도께서 그의 삶에 들어오시도록 간구했다.

4. 어떻게 사랑의 하나님께서 인간을 지옥에 보내실 수 있나요?

현대의 우리 문화에서는 절대적인 도덕을 학교에서 거의 가르치지 않기 때문에 죄가 무엇인지에 대해 민감하지 못하다. 그래서 우리는 하나님께서 인간을 지옥에 보내지 않으실 거라고 확신하게 되었다. 성경은 그것이 잘못된 생각임을 매우 쉽게 증명한다.

십자가에서 시작해 보기로 하자. 십자가는 하나님의 사랑, 곧 세상 사람들의 죄 때문에 예수님을 십자가에 못 박으신 사랑을 보여 준다. 이러한 이타적 행위는 인간을 자신과 화해시키시려는 하나님의 완전한 사랑이 얼마나 깊은지 잘 보여 준다. 그러나 우리는 십자가의 또 다른 메시지, 즉 하나님의 완전한 공의도 언급해야 한다.

알다시피 예수 그리스도께서는 생각으로나 말로나 행동으로나 결코 죄를 범하지 않으셨다. 그럼에도 불구하고 예수님은 십자가에서 우리의 죄를 담당하셨다. 시편은 그리스도께서 이렇게 외치시리라고 말씀한다.

"내 하나님이여 내 하나님이여 어찌 나를 버리셨나이까 어찌 나를 멀리하여 돕지 아니하시오며 내 신음 소리를 듣지 아니하시나이까"(시 22:1).

이 구절은 예수 그리스도께서 우리의 죄를 담당하실 때 하나님께서 그분에게 등을 돌리셨음을 말해 준다. 하나님께서는 모든 진노를 아들에게 쏟아 부으셨다. 이것이 하나님의 완전한 공의다. 단 하나의 죄라도 우리를 하나님과 갈라놓을 수 있다. 여기에 예외란 없다. 예수님이 우리를 대신하여 죽으신 것도 바로 이 때문이다. 그렇지 않다면 하나님께서 그분의 아들을 내어주지 않으셨을 거라고 생각하지 않는가?

5. 성경이 진리인지 어떻게 알 수 있나요?

우리는 5장에서 성경의 일점일획도 사람의 뜻으로 되지 않았다고 하나님께서 말씀하셨다는 것을 살펴보았다.

나는 동네의 한 패스트푸드 체인점 직원을 전도하는 데 많은 시간을 투자했다. 어느 날 데니라는 믿지 않는 웨이터가 테이블에 앉아 있는 나를 보았다. 그가 내 옆으로 와서 이렇게 말했다. "윌리엄 선생님, 새로 온 친구가 있는데 선생님께 소개시켜 드리고 싶습니다. 아트라는 친구인데 통계를 좋아한답니다."

나는 미소를 지으며 말했다. "그를 데리고 오세요."

불신자인 데니가 마치 피자를 배달하듯이 또 한 사람의 불신자를 내 테이블로 데려왔으며, 나는 그에게 복음을 전할 수 있었다. 그러고 보면 하나님도 유머 감각이 뛰어나신 것 같다.

잠시 후 195cm나 되는 청년이 코카콜라 몇 잔을 들고 다가왔다. 나는 대화에 질문을 하나 끼워 넣으면서 하나님께서 역사하고 계시는지 보기로 했다.

나는 "아트, 통계를 좋아한다면서요?" 하고 물었다.

"예."

"1센트짜리 동전이 날마다 배로 늘어난다면 30일 후에는 얼마나 될까요?"

아트는 재빨리 계산했다. "1, 2, 4, 8, 16, 32, 64, 128, 256… 10,737,418달러 24센트입니다."

나는 감격했다! 그리고 또 물었다. "하나 더 물어봐도 될까요? 한 사람이 동전을 한 개씩 던져서 연속해서 30번 모두 앞면이 나오려면 사람이 몇 명 필요합니까?"

아트는 조리실로 달려갔다. 그는 다시 돌아와 동전이 연속해서 30번 앞면이 나오려면 십억 명이 필요할 것이라고 했다. 아트가 옳았다. 〈믿거나 말거나! 이상한 일치〉[1]에 따르면, 백만 명이 1분에 동전 열 개씩을, 한 주에 40시간씩 던질 때, 연속해서 30번 모두 앞면이 나오는 경우는 900년에 한 번뿐이다.

이렇게 해서 나는 대화 주제를 바꿀 준비를 끝냈다. 그러고 나서 이렇게 말했다. "내가 성경이 진리라고 믿는 것도 바로 그 때문이라네. 예수님의 탄생과 죽음, 부활에 관한 30개의 예언이 이루어질 확률을 따진다면 30회 연달아 동전의 앞면이 나올 확률과 같다네."

아트는 그 자리에 얼어붙었다. 나는 그에게 이렇게 말했다.

"자네가 일하는 시간을 뺏고 싶지는 않지만 자네 자리로 돌아가거든 이것에 대해 생각해 보기 바라네. 동전이 연속해서 245번 앞면이 나오려면 몇 번이나 던져야 하겠나? 내가 245라는 숫자를 든 것은 실제로 이루어진 성경의 예언이 대략 그 정도이기 때문일세."

아트는 놀란 표정으로 물었다.

"저에게 시간 좀 내주실 수 있으세요?"

"물론이지."

며칠 후, 나는 아트를 만났으며, 천사들은 그리스도를 따르기로 한 그의 결단을 기뻐했다.

나는 그저께 한 친구에게 245개의 예언이 이루어질 확률이 얼마나 되느냐고 물었다.

그는 이렇게 대답했다. "윌리엄, 그럴 확률은 수십억분의 일도 되지 않을걸세."

이 말을 생각하면 나는 무한한 주권과 능력의 하나님이 떠오른다.

6. 저의 믿음이 충분한지 어떻게 아나요?

누구든 자신은 그리스도를 구주로 영접하기에 믿음이 부족한 것 같다고 말하면 나는 웃으면서 이렇게 말한다. "그리스도께서 당신의 마음에 들어오시도록 요청할 만큼의 믿음만 있다면 그분을 영접하는 데 충분합니다. 모세를 생각해 보십시오. 모세는 이스라엘을 애굽에서 인도할 때 홍해라는 큰 장애물을 만났습니다. 바로의 군대가 모세와 이스라엘을 뒤쫓아 올 때, 하나님께서는 모세에게 홍해를 건너라고 명하셨습니다. 모세는 자신의 믿음이 충분한지 궁금해 하면서 해변에 서 있었습니다. 그가 바닷물에 발을 들여놓는 순간 바다가 갈라졌습니다. 하나님께서는 당신의 첫 걸음을 귀하게 여기실 것입니다. 정말 예수님을 구주로 알기를 원한다면 첫 발을 내딛고 그분을 당신의 마음에 받아들이십시오."

7. 그리스도인의 삶을 살 수 없어요

이런 말을 들을 때면 나는 이렇게 말한다. "변화가 필요함을 알고 계시는 것을 보니 참 기쁩니다. 그러나 전과 달리 당신은 이제 혼자서 변할 필요가 없습니다. 성경은 빌립보서 4장 13절에서 '내게 능력 주시는 자 안에서 내가 모든 것을 할 수 있느니라'고 말합니다. 하나님께서는 당신의 능력이 아니라 '소원'을 원하십니다. 그분은 당신의 바람을 원하십니다. "지금 예수 그리스도를 당신의 구주로 따르길 원합니까?" 상대방이 "예"라고 대답하면 죄인의 기도를 드려라.

8. 하나님을 믿지 않아요

이러한 반론은 대개 예수님을 전하기 시작할 때 듣게 된다. 나는 이런 반론에 부딪히면 늘 "제 삶을 바꿔놓은 성경 구절들을 보여 드릴까요?" 하고 제안한다. 내가 성경 구절을 제시하길 좋아하는 것은 그렇게 함으로써 성령께서 상대방의 마음에 믿음을 심어 주시는 것을 자주 볼 수 있기 때문이다.

그러나 때로는 복음을 모두 제시한 후에 이러한 반론에 부딪힐 수도 있다. 그러면 나는 다음과 같이 묻는다. "하나님의 존재를 확신하게 되면 당신의 삶을 기꺼이 그분께 드리겠습니까?"

상대방이 "예"라고 대답하면 나는 "그렇다면 계시지도 않은 하나님께 당신이 믿지 못하니 도와달라고 할 수 있겠습니까?"라고 또 묻는다.

우리는 함께 기도한다. "하나님, 당신이 정말 존재하신다면 제가 믿을 수 있도록 도와주세요."

나는 상대방에게 앞으로 한 주나 한 달 동안 무슨 일이 일어나는지 지켜보라고 한다. 우리는 몇 주 후에 다시 만나기로 한다. 나는 진리가 그의 삶에 나타나길 기도하면서 그날을 기다린다.

몇 년 전 나는 콜로라도 스프링스의 한 신문사에서 인터뷰 요청을 받은 적이 있다. 그레이 기자는 그리스도를 만나기 전의 나의 삶에 대해 기사를 쓰고 싶어 했다. 그는 내가 교도소나 구치소에 수감되지 않고도 오히려 그런 곳을 찾아다니면서 나의 믿음을 나누고 있다는 사실에 흥미를 가졌다.

그레이 기자는 나를 큰 회의실로 데려갔다. 우리 둘은 푹신한 가죽 의자에 앉았다. 나는 큰 성경책을 꺼냈다. 그가 나의 사진을 찍어 사람들이 나의 성경책에 그려진 십자가를 보면서 나의 삶을 바꿔놓은 것이 무엇인지 알게 하고 싶었기 때문이다.

그레이 기자는 이렇게 말했다. "페이 선생님, 먼저 확실히 해 둘 것이 있습니다. 저는 하나님을 믿지 않습니다. 그러니 저를 회심시킬 생각은 하지 마십시오."

나는 미소를 지었다. "제가 원한다고 할 수 있는 것은 아닙니다."

그는 펜을 꺼내 들었다. "그런데, 선생님은 사람들을 어떻게 회심시킵니까?"

나는 웃음이 나오는 것을 겨우 참았다. 하나님께서 역사하고 계시다는 것을 알았기 때문이었다. 나는 이렇게 말했다. "저는 대개 다섯 가지 질문을 합니다."

"어떤 질문들을 하십니까?"

내가 질문을 두세 개쯤 했을 때 그가 나를 막으면서 말했다. "저를 회심시키려 하시는군요."

나는 '전도 질문'을 중단하고 인터뷰를 계속했다. 그는 한 시간 반 동안이나 나를 인터뷰했다. 인터뷰가 끝나자 나는 이제 내 차례임을 느꼈다. 나는 최대한 유쾌한 표정으로 말했다. "제 삶을 바꿔놓은 일곱 개의 성경 구절을 소개하고 싶은데 허락해 주시겠습니까?"

주목하라. 나는 막무가내로 밀어붙인 게 아니라 허락을 구했다. 조금 전까지 그레이 기자는 나에게 무례하게 굴었다. 그러나 그는 "예"라고 대답했고, 나는 그에게 성경 구절들을 소리 내어 읽어보라고 했으며, 성경이 뭐라고 말하느냐고 물었다. 나는 하나님의 능력이 역사하면서 그의 방어벽이 무너지는 것을 보았다.

그날 바로 그가 그리스도를 구주로 영접하지는 않았지만 우리는 지금까지 만나고 있다. 최근에 만났을 때, 그는 "아직도 그 구절들을 기억합니다"라고 했다. 그는 아직 자신의 삶을 주님께 드리지 않았다.

그러나 하나님께서는 그를 포기하지 않으셨다. 내가 말하고 싶은 것은 항상 말씀을 나눌 준비를 하되 결코 강요하지는 말라는 것이다.

9. 부활이 있었다고 믿지 않아요

나는 이렇게 생각하는 사람에게는 다음과 같이 말한다. "그것이 당신의 유일한 걸림돌인 것이 기쁩니다. 왜냐하면 하나님께서는 부인할 수 없는 부활의 증거를 우리에게 주셨기 때문입니다." 하버드 대학 법학과의 저명한 교수이자 법학계의 지도자 가운데 하나인 사이먼 그린리프 박사는 자신의 책에서 그리스도의 부활에 대한 사도들의 증언이 갖는 법적 가치를 고찰했다.

"그린리프는 정의의 법정에서 제시된 법적 증거로 볼 때, 그리스도의 부활은 역사적으로 가장 확실하게 뒷받침되는 사건 가운데 하나였다고 결론지었다."[2]

"너희가 온 마음으로 나를 구하면 나를 찾을 것이요 나를 만나리라"라는 예레미야 29장 13절 말씀을 알고 있는가? 바로 지금 당신의 마음을 시험하고 싶다면 머리 숙여 이렇게 기도하라. "주 예수님, 부활이 있었다면 제가 믿도록 도와주세요."

또한 이 책 6장 '결단에 이르게 하라'의 서두에 소개된 이야기를 보거나 〈부록3〉의 9번에 대한 답변을 보라.

10. 한번 생각해 볼게요

나는 북부 콜로라도의 어느 작은 마을의 한 교회에서 설교했던 적이 있었다. 목사님은 내게 교회 뒷문에 서서 나가는 사람들에게 인사하라고 했다. 가까이 다가온 한 농부에게 내가 물었다. "오늘 아침 기분이 어떠세요?"

"좋습니다."

"주님을 아십니까?"

"아니오."

나는 덩치 큰 그 농부의 손을 잡고서 교회 문을 나서려고 했던 그를 다시 안으로 데리고 들어갔다.

"어째서 주님을 모르십니까?"

"모르겠습니다. 하지만 한번 생각해 보겠습니다."

"저의 설교를 들으셨죠? 선생님이 죽는다면 어디로 갈까요?"

"지옥이오."

"그럼, 좋은 하루 되십시오."

며칠 후에 그 농부, 플로이드는 담임목사 사택의 문을 두드렸다. 그는 더 이상 견딜 수 없었던 것이다. 지옥이 너무나 생생하게 다가왔던 것이다. 그는 자신의 삶을 예수 그리스도께 드릴 준비가 되어 있었다. 담임목사는 내게 축하 전화를 해 주었다.

11. 저는 착한 사람이에요

나는 이 말을 참 좋아한다. "자신 외에는 아무도 믿지 않는 사람은 매우 좁은 세상에서 산다."

누군가 "저는 착한 사람이에요"라고 말하면 나는 최대한 정중하게 묻는다. "누구의 기준으로 말인가요?"

"그게 무슨 뜻인가요?"

"예를 들어 당신은 살인한 적이 있나요?"

"아니오."

"하나님의 기준을 적용해 봅시다. 누군가에게 화를 내거나, 누군가를 미워하거나, 바보라고 부르거나, 고속도로에서 태워 달라는 사람을 그냥 지나친 적이 있나요? 그렇게 한 적이 있다면, 하나님의 기준으로 볼 때 당신은 살인자입니다."

나는 숨쉴 틈도 주지 않고 계속 묻는다. "이성을 보고 음욕을 품은 적이 있나요?"

나는 그가 대답할 시간을 주지 않고 계속 말한다. "만약 '아니오'라고 대답한다면 당신은 분명히 거짓말하는 죄를 짓는 겁니다. 하나님의 기준으로 볼 때, 정욕을 품은 적이 있다면 당신은 간음죄를 지은 것입니다. 사람들과의 관계나 직장이나 어떤 활동을 하나님과의 관계보다 우위에 둔 적이 있나요? 그런 적이 있다면, 그것들은 당신의 우상이 됩니다. 하나님은 거룩하시기 때문에 그분이 제시하시는 완전의 기준에 우리가 도달하기란 불가능합니다. 하나님은 재판장이요 배심원이시기 때문에, 우리는 그분의 기준을 충족시켜야 합니다. 사실, 성경은 '누구든지 온 율법을 지키다가 그 하나를 범하면 모두 범한 자가 되나니'(약 2:10)라고 말합니다. 당신처럼 저도 죄인이라는 사실을 당신이 알았으면 좋겠습니다. 당신과 차이가 있다면 저는 예수님을 통해 용서를 발견했다는 것입니다. 원하신다면 당신도 용서받을 수 있습니다."

12. 저는 다른 종교를 믿어요

나는 교회에서 만난, 불교 신자인 젊은 일본인 리와 나의 믿음을 나누었다. 리는 미국에서 영어와 문화를 공부하고 있었다. 어느 주일 아침, 나는 나의 믿음을 그녀와 나누어야겠다는 생각이 들었다. 상대를 존중하고 사랑으로 나누고 싶었다. 그래서 리에게 물었다. "진리가 당신에게 중요한가요?"

"네."

"당신의 가족과 문화로 인해 당신은 우리와 다른 신앙을 갖게 되었음을 압니다. 누군가 당신에게 기독교에 대해 말한 적이 있나요?"

"아니오. 하지만 기독교에 대해 알고 싶어요."

"리, 당신에게 거짓말을 처음 가르친 사람은 누구인가요?"

"아무도 가르쳐 주지 않았습니다."

나는 여기서 멈추고 그녀에게 에덴 동산의 아담과 하와 이야기를 들려 주면서 죄가 어떻게 세상에 들어왔는지 설명하고 모든 사람에게 죄의 본성이 있다고 말해 주었다.

놀란 그녀는 이렇게 말했다. "제게도 죄의 본성이 있어요."

나는 성경책을 펼쳐 그녀에게 '전도 구절'을 소리 내어 읽어보라고 했다. 셋째 구절을 제시할 때 그녀가 이해하는 것을 알 수 있었다. 그래도 나는 최대한 신중을 기하고 싶었다. 리가 읽기를 마치자 나는 "리, 당신은 가족을 걱정하고 있는 듯합니다."

울기 시작한 리를 나는 더 이상 몰아붙이지 않았다. 그러나 기쁘고 놀랍게도 그날 아침 예배가 끝나기 전 초청의 시간에 리가 가장 먼저 앞으로 나갔다.

하나님께서는 그분의 무한한 지혜로 리가 그날 아침 예배 때 앞으로 나아가리라는 것을 알고 계셨다. 그래서 그날 아침 예배에 다른 일본인 성도를 보내 주셨다. 그 자매는 자신의 드레스와 일본어 성경을 필요한 사람에게 주기 위해 기도하고 있었는데 바로 리에게 그 드레스와 일본어 성경이 꼭 필요했던 것이다.

13. 제가 하나님인데요

오늘날 많은 사람이 자신이 하나님이라는 신념을 가지고 있는데, 이것은 동양 종교들에서 나온 생각이다. 나는 이러한 신념을 가진 사람들에게 다음과 같이 묻기를 좋아한다. "저는 새 차를 운전할 줄 아는데, 당신이 제게 새 차를 하나 만들어 줄 수 있나요? 당신과 같은 전능한 하나님이라면 분명히 만들 수 있을 겁니다."

그런 다음에 나는 그들에게 다음 성경 구절을 소리 내어 읽어 보라고 한다. 그들이 성경 구절을 하나씩 읽을 때마다 나는 이렇게 묻는다. "성경이 뭐라고 말씀하나요?"

- "너는 나 외에는 다른 신들을 네게 두지 말라"(출 20:3).
- "이는 그들이 하나님의 진리를 거짓 것으로 바꾸어 피조물을 조물주보다 더 경배하고 섬김이라 주는 곧 영원히 찬송할 이시로다 아멘"(롬 1:25).
- "그가 우리를 흑암의 권세에서 건져내사 그의 사랑의 아들의 나라로 옮기셨으니 그 아들 안에서 우리가 속량 곧 죄 사함을 얻었도다 그는 보이지 아니하는 하나님의 형상이시요 모든 피조물보다 먼저 나신 이시니 만물이 그에게서 창조되되 하늘과 땅에서 보이는 것들과 보이지 않는 것들과 혹은 왕권들이나 주권들이나 통치자들이나 권세들이나 만물이 다 그로 말미암고 그를 위하여 창조되었고 또한 그가 만물보다 먼저 계시고 만물이 그 안에 함께 섰느니라"(골 1:13~17).

당신은 또한 마지막 구절이 오직 하나님만 하나님이시라는 사실을 보여 준다는 것도 지적할 수 있다. 그분은 만물이 아니시다. 그분은 만물을 '함께 서게 하는' 창조주이시다. 당신은 또한 이렇게 말할 수 있다. "저는 하나님이 아니지만 그분은 제 안에 계십니다. 하나님께서 당신 안에도 계시길 원하십니까?"

14. 저는 지금 너무 즐거워요

당신이라면 "저는 지금 너무 즐거워요"라고 말하는 사람에게 뭐라고 말하겠는가?

다시 '왜'의 원칙으로 돌아가서 이렇게 말하라. "왜죠?"

상대방은 대부분 이렇게 대답할 것이다. "저는 파티가 좋아요."

이렇게 대답하는 사람에게 나는 다음과 같이 말한다. "바꿔 말해 당신은 파티 때 행하는 섹스, 마약, 로큰롤에 빠져 있군요?"

내가 이렇게 말하면 상대방은 대개 얼굴을 붉힌다.

그러면 나는 이렇게 묻는다. "마지막으로 하나만 더 물어보겠습니다. 당신이 오늘 예수님을 거부하고 이번 주말에 고속도로에서 사고로 죽는다고 상상해 봅시다. 성경은 당신이 어디로 갈 것이라고 말씀합니까?"

(내가 늘 성경을 사용하는 것에 주목하라. 상대방이 믿든 믿지 않든 나의 권위는 성경에 있다.)

상대방은 대개 이렇게 속삭인다. "지옥이요."

그러면 나는 최대한 사랑이 담긴 목소리로 말한다. "좋은 하루 되시고 운전 조심하세요."

이런 사람들은 대개 그 이후 48시간 동안 조심해서 운전한다. 그러나 내가 그렇게 말한 것은 그들이 죽음을 피할 수 없다는 사실을 상기시키기 위해서만은 아니다. 그들이 하나님의 사랑과 진리의 메시지를 머리와 마음으로 받아들이길 바라기 때문이다.

나는 그들을 판단하기 위해서가 아니라 그들이 다음 순간, 며칠, 몇 주 후에, 또는 몇 년 후에 예수 그리스도를 자신의 주님과 구주로 영접하도록 준비시키기 위해서이다.

15. 저는 유대인인데요

누군가 "저는 예수님을 믿을 수 없어요"라고 말하면 나는 "왜죠?"라고 묻는다. 알다시피, 문제는 믿을 수 있느냐 없느냐가 아니다. 문제는 그가 믿을 것이냐 믿지 않을 것이냐이다. 조시 맥도웰은 『예수는 누구인가?(More Than a Carpenter)』에서 예수님은 어떤 분인가라는 문제에 대해 우리가 선택할 수 있는 것은 세 가지뿐이라고 지적한다. 곧 그는 "예수는 주님이거나 거짓말쟁이거나 미치광이이다"라고 말한다.[3]

내가 유대인을 만나 가장 먼저 하는 일은 그가 문화적으로 유대인인지 종교적으로 유대인인지 알아내는 것이다. 그래서 나는 "회당에 나가십니까?"라고 묻는다.

그들 대부분은 "아니오"라고 대답한다. 그러면 나는 이렇게 말한다. "저는 예수님이 그분의 주장대로 그리스도라고 믿습니다. 저는 그분이 거짓말쟁이가 아니라는 것을 압니다. 그분은 결코 죄를 짓지 않으셨기 때문입니다. 그분은 절대 미치광이도 아닙니다. 그분의 삶과 가르침은 그분이 훌륭하고 견실하며 다른 사람들을 사랑하셨다는 것을 보여 주기 때문입니다. 그러므로 저는 그분이 주님이라고 믿을 수 있습니다. 그분은 '나와 아버지는 하나이니라'(요 10:30)고 하셨기 때문입니다. 또한 당시의 유대인들은 예수님이 요한복음 8장 58절에서 '아브라함이 나기 전부터 내가 있느니라'라고 말씀하실 때 스스로를 가리켜 누구라고 주장하시는지 분명히 알고 있었습니다. 유대인들은 예수님이 하나님께서 모세에게 하신 말씀을 인용한다는 사실을 알았습니다. 하나님께서 모세에게 이렇게 말씀하셨습니다. '나는 스스로 있는 자이니라 또 이르시되 너는 이스라엘 자손에게 이같이 이르기를 스스로 있는 자가 나를 너희에게 보내셨다 하라'(출 3:14)."

나는 그리스도에 대해 말하길 좋아한다. 그것은 큰 이슈를 보다 작게 바꾸는 훌륭한 방법이다. 왜냐하면 예수님이 참으로 여호와 하나님이시라는 사실을 확증할 수 있다면 나머지는 쉽게 해결되기 때문이다.

상대방이 종교적으로 유대인일 경우, 나는 무엇보다도 먼저 유대교가 내가 믿는 기독교의 뿌리라는 사실을 상기시킨다. 물론 유대인들은 예수님이 메시아라는 것과 그분이 죽은 자 가운데서 살아나셨다는 사실을 믿기 어려워한다. 나는 이렇게 묻는다. "이 두 가지 중에 하나가 사실이라면, 완전한 유대인이 되기 위해 예수님과의 개인적인 관계를 생각해 보시겠습니까?"

나는 종종 유대인들에게 메시아교회(messianic congregation, 예수님이 히브리 성경에 약속된 메시아라고 믿는 유대인들의 교회-역자 주)에 가보라고 권한다. 그곳에서의 예배는 유대인들에게 친숙할 것이며, 예수님이 진정한 메시아라는 사실을 알게 된 다른 유대인들의 증거를 듣게 될 것이다.

내가 상대방에게 회당에 나가느냐고 물었던 것이 기억나는가? 그렇게 물었던 것은 상대방이 문화적으로 유대인인지 아니면 실천적인 유대인인지 구별하고 싶어서였다. 상대방이 실천적인 유대인일 경우, 나는 이 시점에서 다음과 같이 물으면서 계속 복음을 제시한다. "예수님이 자신을 가리켜 하나님이라고 하셨다는 사실에 놀란 적이 있나요?"

그런 다음에는 이사야 53장을 펼쳐 보이면서 1~12절을 소리 내어 읽어보라고 한다.

> 우리가 전한 것을 누가 믿었느냐
> 여호와의 팔이 누구에게 나타났느냐
> 그는 주 앞에서 자라나기를 연한 순 같고
> 마른 땅에서 나온 뿌리 같아서
> 고운 모양도 없고 풍채도 없은즉
> 우리가 보기에 흠모할 만한 아름다운 것이 없도다
> 그는 멸시를 받아 사람들에게 버림받았으며
> 간고를 많이 겪었으며 질고를 아는 자라
> 마치 사람이 그에게서 얼굴을 가리는 것 같이
> 멸시를 당하였고 우리도 그를 귀히 여기지 아니하였도다
> 그는 실로 우리의 질고를 지고
> 우리의 슬픔을 당하였거늘
> 우리는 생각하기를 그는 징벌을 받아서
> 하나님께 맞으며 고난을 당한다 하였노라
> 그가 찔림은 우리의 허물 때문이요
> 그가 상함은 우리의 죄악 때문이라
> 그가 징계를 받음으로 우리는 평화를 누리고
> 그가 채찍에 맞음으로 우리는 나음을 받았도다

우리는 다 양 같아서 그릇 행하며 각기 제 길로 갔거늘

여호와께서는 우리 모두의 죄악을 그에게 담당시키셨도다

그가 곤욕을 당하여 괴로울 때에도

그의 입을 열지 아니하였음이여

마치 도수장으로 끌려 가는 어린 양과

털 깎는 자 앞에서 잠잠한 양 같이

그의 입을 열지 아니하였도다

그가 곤욕과 심문을 당하고 끌려 갔으나

그 세대 중에 누가 생각하기를

그가 살아 있는 자들의 땅에서 끊어짐은

마땅히 형벌 받을 내 백성의 허물 때문이라 하였으리요

그는 강포를 행하지 아니하였고

그의 입에 거짓이 없었으나

그의 무덤이 악인들과 함께 있었으며

그가 죽은 후에 부자와 함께 있었도다

여호와께서 그에게 상함을 받게 하시기를 원하사

질고를 당하게 하셨은즉

그 영혼을 속건제물로 드리기에 이르면

그가 씨를 보게 되며 그 날은 길 것이요

또 그의 손으로 여호와께서 기뻐하시는 뜻을 성취하리로다

그가 자기 영혼의 수고한 것을 보고 만족하게 여길 것이라

나의 의로운 종이 자기 지식으로 많은 사람을 의롭게 하며

또 그들의 죄악을 친히 담당하리로다

그러므로 내가 그에게 존귀한 자와 함께 몫을 받게 하며

강한 자와 함께 탈취한 것을 나누게 하리니
이는 그가 자기 영혼을 버려 사망에 이르게 하며
범죄자 중 하나로 헤아림을 받았음이라
그러나 그가 많은 사람의 죄를 담당하며
범죄자를 위하여 기도하였느니라

나는 상대방에게 묻는다. "이것이 누구를 묘사하는 것이라고 생각하십니까?" "왜 많은 회당에서 이사야서에 나오는 이 말씀을 읽기를 거부한다고 생각하십니까?"

그런 다음에 어렵지만 생각하게 만드는 다음 질문을 한다. "왜 성전에서 제사드리는 일이 사라졌는지 아십니까?" 나는 상대방의 대답을 기다렸다가 "예수님이 하나님께 제물로 드려진 어린 양이시기 때문이 아닐까요?" 하고 덧붙인다.

나는 몰아붙이지 않는다. 나의 목적은 활발하고 우호적으로 논의를 이어가는 것이다. 상대방이 보다 많은 것을 알고 싶어 하면 나는 그에게 지역 메시아교회의 목사—나보다 구약 성경에 대해 더 잘 아는 전문가—를 만나 보라고 권한다. 상대방과 같은 유대인은 그의 문화와 감정을 잘 이해할 것이다.

나는 유대교를 믿는 사람에게 그리스도를 전할 때면 나 자신을 안내자, 혹은 소개자로 생각하고는 부담 없이 상대방을 전문가와 연결시킨다. 당신도 지역의 유대인 목회자나 유대인 성도에게 도움을 구하는 데 대해 조금도 부담을 느낄 필요가 없다.

상대방이 회당에 나가지 않으며 내가 '세속적인' 유대인이라 부르는 부류의 사람이면 '반론2'—'이단 종파가 해결책인가요?'—에서 제시한 그리스도에 관한 성경 구절을 함께 나눈다.

16. 저는 죄인이 아니에요

당신이 전도 구절을 나누고 로마서 3장 23절의 "모든 사람이 죄를 범하였으매"로 넘어갈 때 상대방이 다음과 같이 말할 수 있다.

> 상대방: 저는 죄를 짓지 않았어요. 살인한 적도, 도적질한 적도 없으며, 명백히 죄가 되는 어떤 극적인 짓을 한 적도 없어요.
>
> 당 신: (논쟁하거나 죄를 설명하려 들지 말라. 대신에 마태복음 22장 37절을 펴라.) 소리 내어 읽어 보시겠어요?
>
> 상대방: (읽는다.) 네 마음을 다하고 목숨을 다하고 뜻을 다하여 주 너의 하나님을 사랑하라.
>
> 당 신: 마음을 다하고 목숨을 다하고 뜻을 다하여 하나님을 사랑한 적이 있으세요?
>
> 상대방: 아니오.
>
> 당 신: 그게 바로 죄입니다.

17. 저는 그렇게 착하지 못해요

이러한 반론은 '하나님도 저를 용서하지 못하실 겁니다'와 매우 비슷하지만, 여기에 대해서 나는 다르게 대응한다. 예를 들면 나는 이런 반론에 부딪히면 무엇보다도 먼저 "왜죠?"라고 묻는다. 그리고 이유를 듣고 나서 이렇게 말한다.

"그건 우리의 공통점 가운데 하나입니다. 우리는 별로 착하지 못하지요. 바로 그것이 문제입니다. 천국에 가는 방법은 두 가지 밖에 없는 데, 우리가 완전하여 말로나 행동으로나 생각으로 전혀 죄를 짓지 않든지, 아니면 거듭나는 길입니다. 저는 저의 죄 값을 지불하신 예수 그리스도께서 끝내신 일과 그분을 마음으로 받아들임으로써 거듭날 수 있습니다. 그분은 자신의 탄생과 죽음과 부활로 인해 저를 용서하실 능력이 있습니다. 제가 그분을 믿고 그분의 용서를 받아들일 때, 오직 그때만 그분은 제가 과거에 지은 죄를 깨끗이 지워버리실 수 있습니다. 개인적으로 제가 그분의 용서를 받는 길을 선택한 이유는 저는 결코 완전히 선해질 수 없기 때문입니다."

에베소서 2장 8, 9절은 이렇게 말한다. "너희는 그 은혜에 의하여 믿음으로 말미암아 구원을 받았으니 이것은 너희에게서 난 것이 아니요 하나님의 선물이라 행위에서 난 것이 아니니 이는 누구든지 자랑하지 못하게 함이니라."

나는 또한 로마서 10장 9, 10절을 제시한다. "네가 만일 네 입으로 예수를 주로 시인하며 또 하나님께서 그를 죽은 자 가운데서 살리신 것을 네 마음에 믿으면 구원을 받으리라 사람이 마음으로 믿어 의에 이르고 입으로 시인하여 구원에 이르느니라."

그 다음에 "누구든지 주의 이름을 부르는 자는 구원을 받으리라"는 13절 말씀도 제시한다.

그리고 나서 "여기에 당신도 포함되나요?"라고 묻는다.

그런 다음에는 성경의 능력이 스스로 말하게 한다.

18. 아직 준비가 안 됐어요

상대방이 자신은 준비가 되지 않았다고 말한다면 "왜죠?"라고 물어라.

그가 제시하는 이유는 그 자신이 생각하기에도 어리석고 비논리적일 가능성이 매우 높다. 따라서 그럴 경우에는 "겨우 그런 이유가 당신과 하나님 사이를 가로막도록 두시겠습니까?" 하고 물어라.

당신이 이렇게만 말해도 상대방의 반대 이유가 사라질 수 있다. 상대방이 이제 그리스도를 자신의 삶에 맞아들일 준비가 되었다고 말하면 그를 기도로 인도하라.

물론, 상대방의 반론을 쉽게 물리칠 수 없을지도 모른다. 예를 들면 "왜 준비가 안 되셨나요?"라는 물음에 상대방은 이렇게 대답할 수 있다. "지금 들은 이야기가 제게는 너무나 새롭기 때문입니다. 완전히 새로운 사고방식이라 저로서는 비용을 계산해 봐야 할 것 같습니다."

상대방이 이렇게 대답한다면 복음 제시를 중단하라. 상대방을 하나님의 주권과 다스림에 맡기고 "즐거웠습니다. 당신을 위해 기도하겠습니다. 며칠이나 몇 주 후에 다시 만나 이야기할 수 있을까요?" 하고 묻고 기다려라.

이렇게 함으로써 당신은 상대방에게 압박을 가하지 않으면서 나중에 만나 이야기하자는 동의를 얻어낼 수 있다. 당신도 그리스도를 향한 거짓 결단을 수확하고 싶지는 않을 것이다.

상대방과 헤어지면서 실패했다고 생각하지 말라. 당신은 씨를 뿌린 것이며, 그 씨는 하나님의 은혜로 나중에 싹이 틀 것이다. 그때까지 상대방을 위해 기도하며 다시 복음을 전할 기회를 모색하라.

상대방에 대한 당신의 접근이 실패하지 않았다는 데 감사하고 겸손하라. 당신은 그리스도께 순종했으며, 상대방은 언젠가 그리스도를 향한 결단을 내릴 것이다.

19. 구원받았다는 확신이 없어요

당신은 그리스도께서 마음속에 들어오시길 진정으로 구했음에도 구원받지 못했다고 느끼는 사람들을 만날 것이다. 그런 사람들을 만나면 나는 그의 팔목의 시계를 가리키면서 이렇게 말한다.

"아주 좋은 시계네요. 잃어버리면, 시간을 볼 때마다 그 시계가 많이 아쉽겠어요. 그러나 당신에게 처음부터 시계가 없었다면 당신은 시계를 볼 생각도, 잃어버릴지도 모른다는 걱정도 하지 않겠지요. 당신이 구원받지 못한 게 아닌지 걱정한다는 사실이 흥미롭지 않으세요? 갖지도 않은 것을 잃어버릴까 걱정한다는 건 있을 수 없는 일이지요. 장담컨대 당신은 그리스도께서 당신의 삶 속으로 들어오시도록 구하기 전에는 그분이 당신의 마음속에 계시지 않은 것을 걱정하지 않았겠지요? 제가 보기에 걱정한다는 것 자체가 당신이 구원받았다는 사실을 증명하는 것 같습니다. 로마서 8장 38, 39절을 봅시다. '내가 확신하노니 사망이나 생명이나 천사들이나 권세자들이나 현재 일이나 장래 일이나 능력이나 높음이나 깊음이나 다른 어떤 피조물이라도 우리를 우리 주 그리스도 예수 안에 있는 하나님의 사랑에서 끊을 수 없으리라.'"

그리고 이렇게 묻는다. "성경이 뭐라고 말씀하나요?"

그런 다음에는 에베소서 1장 13, 14절을 찾아서 상대방이 소리 내어 읽게 한다. "그 안에서 너희도 진리의 말씀 곧 너희의 구원의 복음을 듣고 그 안에서 또한 믿어 약속의 성령으로 인치심을 받았으니 이는 우리 기업의 보증이 되사 그 얻으신 것을 속량하시고 그의 영광을 찬송하게 하려 하심이라."

이어서 나는 다음과 같이 말한다. "이것만은 꼭 알고 계셨으면 좋겠습니다. 그리스도를 당신의 삶에 맞아들이는 그 순간에 당신은 구원받았습니다. 언젠가 당신은 천국에서 하나님을 만날 것입니다. 하나님께서 그렇게 약속하셨거든요. 당신이 느끼는 두려움은 대부분의 그리스도인들이 경험하는 것이기도 합니다. 그러나 당신은 이러한 두려움을 물리쳐야 합니다. 그래야 믿음이 성장할 수 있습니다. 성경을 읽고 기도하며 다른 신자들과 함께하는 시간을 가지면 당신의 믿음이 성장하는 데 도움이 될 것입니다. 시작할 수 있도록 제가 도와드리겠습니다. 다음 주에 모시러 올 테니 저와 함께 교회에 가시겠습니까?"

20. 늘 하나님을 믿어 왔어요

이런 말을 들으면 나는 이렇게 말한다. "마귀도 하나님을 믿습니다. 사실 마귀는 하나님을 보기까지 했습니다. 야고보서 2장 19절은 이렇게 말씀합니다. '네가 하나님은 한 분이신 줄을 믿느냐 잘하는도다 귀신들도 믿고 떠느니라.'"

그러고 나서 다음과 같이 묻는다. "당신과 차이점이 있습니까? 당신은 예수님을 당신의 구주로 영접하길 원하십니까?"

21. 나쁜 짓을 너무 많이 했어요

반론 17의 "저는 그렇게 착하지 못해요"에 대한 대답을 보라.

22. 해봤지만 효과가 없었어요

나는 무엇보다도 먼저 상대방이 구원을 받았는지 확인하려고 노력한다. 그래서 "무엇을 해보셨습니까?"라고 묻는다.

어쨌든 나는 상대방이 무엇을 해봤는지 모른다. 강단 앞으로 걸어 나오거나 찬양을 해봤는지 말해 주길 바란다.

상대방은 대개 이렇게 대답한다. "알다시피, 저는 당신과 함께 그리스도를 맞아들이는 기도도 해봤습니다. 하지만 아무 일도 일어나지 않았습니다."

그러면 나는 그의 눈을 쳐다보면서 말한다. "그건 분명히 사실이에요. 그런데 한 가지 물어보겠습니다. 당신이 말로 했던 그것을 가리켜 기도라고 하신 건가요?"

60%의 사람들이 이렇게 대답할 것이다. "예, 전 그게 기도라고 생각합니다." 그러나 그들은 확신하지 못할 것이다.

그러면 나는 "당신의 삶을 그리스도께 드렸던 순간에 대해 말씀해 주시겠습니까?" 하고 요청한다.

당신은 그들의 '증거'가 터무니없는 듯한 데 놀랄 것이다. 일례로 한 교파의 목회자와 있었던 일을 들면, 그에게 구원받았냐고 물어볼 수는 없었다. 그래서 나는 "목사님, 어떻게 하나님과의 관계를 처음 발견하게 되셨는지 말씀해 주시겠습니까?" 하고 부탁했다.

그는 "어느 날 운전을 하고 있는데 새들의 지저귀는 소리가 들렸습니다. 바로 그때 저는 하나님을 알았습니다."

이것이 그의 영혼과 관련된 증언이라면 뭔가 잘못되었다. 다시 말해 상대방이 성경의 가르침을 증거하는 증언을 하는가? 그렇지 않다면 이렇게 말하라. "당신은 하나님의 얼굴을 보면서 그분께 당신이 거듭났다고 말할 수 있나요?"

상대방이 "아니오"라고 대답한다면 이렇게 말하라. "잠시 성경구절을 함께 살펴볼까요? 소리 내어 읽어보세요. 그리고 무슨 뜻인지 제게 말씀해 주세요." 그러나 상대방이 "예"라고 대답한다면, 상대방이 복음을 보다 잘 이해하도록 상대방의 동의하에 일곱 개의 전도 구절을 다시 살펴보고 그에게 다섯 개의 결단을 위한 질문을 던져라.

23. 저의 믿음은 개인적인 것이에요

나는 먼저 "왜죠?"라고 묻는다.

내가 이렇게 묻는 이유는 상대방의 내면에 무엇이 있는지 알아내기 위해서이다. 상대방의 마음을 알면, 반론의 근거가 무엇이든지 문제를 해결할 수 있다.

24. 주를 영접하면 친구들이 저를 미쳤다고 생각할 겁니다

나는 다시 한 번 '왜'의 원리를 적용한다. "왜 친구들이 당신을 미쳤다고 생각할까요?"

"그들은 파티를 열고 놀기를 좋아해요. 내가 갑자기 빠지면 나를 미쳤다고 생각할 겁니다."

나는 이렇게 말한다. "그렇군요. 한 가지 물어볼 것이 있습니다. 그들이 정말 당신의 친구라면 우주의 하나님께서 당신 안에 거하시고 당신의 모든 죄가 용서받는 것에 대해 기뻐하고 전율하지 않겠습니까? 당신이 변하는 것을 보면 친구들도 당신이 가진 것을 원하게 될 겁니다."

25. 논쟁이 그칠 날이 없어요

이러한 사람은 논쟁하고 또 논쟁할 것이다. 나는 이런 사람을 만날 때 무엇보다도 먼저 다음과 같이 기도한다. "주님, 이 사람은 예전의 제 모습과 똑같습니다. 이 사람이 복음을 깨닫게 될 때까지 제가 이 사람을 사랑하도록 도와주세요."

이런 유형의 사람들은 대개 적대감을 갖고 있다. 그래서 나는 그들이 논쟁하고 싶어 하는 주제들을 의도적으로 피한다. 대신에 이런 질문들을 한다. "왜 그렇게 화가 나셨나요? 왜 복음을 그렇게 싫어합니까?" 그러고 나서 다음과 같은 핵심 질문을 던진다. "어쨌든 제가 복음과 예수님에 관해 말씀드린 것이 모두 진리라면 어떻게 하시겠습니까?"

상대방이 그래도 믿지 않겠다고 말하면 나는 "왜죠?"라고 묻는다. 이렇게 하면 그가 반대하는 진짜 이유를 알고 문제를 해결할 수 있기 때문이다. 그러나 상대방이 자신은 믿을 준비가 되어 있지 않다고 말하거나 믿기를 거부하면, 더 이상 복음을 전하지 않아도 괜찮다는 사실을 기억하기 바란다.

그러나 이것이 내가 그를 더 이상 사랑하지 않거나 그를 위해 기도하는 일을 중단한다는 뜻은 아니다. 언젠가 그에게 복음을 전할 방법을 찾고 있다는 것을 뜻한다.

반면에 상대방이 내가 전하는 복음이 진리라면 기꺼이 믿겠다고 한다면 나는 그에게 이렇게 말한다. "정말 놀라운 결심을 하셨습니다. 저도 똑같은 과정을 겪었습니다." 그런 후에 상대방에게 내 삶의 이야기를 간단하게 들려주며, 어떻게 논쟁하고 나 자신에 대한 예수님의 주장을 믿지 않았는지 이야기해 준다.

나의 과거에 대해 간증하길 원하는 것은 요한계시록 12장 11절이 우리에게 다음과 같이 말씀하고 있기 때문이다. "또 우리 형제들이 어린 양의 피와 자기들이 증언하는 말씀으로써 그를 이겼으니…"

사람들은 복음의 능력과 우리의 간증을 통해 그리스도께 나아올 것이다.

그 다음에 나는 분위기를 바꾸어 성경을 펼쳐 상대방에게 보여 준 후 이렇게 묻는다. "제 삶을 당신에게 숨김없이 털어놓았습니다. 당신에게 일어난 일 가운데 가장 충격적이었던 게 무엇인가요? 두려워하는 것이 있습니까? 죽음을 두려워하세요? 부모님께 상처를 받으셨나요? 하나님의 사랑을 받아들이는 것이 죽는 것만큼 겁나세요? 당신을 사랑했던 사람이 있나요? 혼자라고 느끼시나요?"

나는 상대방의 방어 체계를 뚫고 그의 마음속으로 들어가려고 한다. 일단 그가 자신의 논쟁적인 성격 뒤에 감춰둔 주제들을 말하려 한다는 것은, 그에게 복음을 전해도 좋다는 허락이나 다름없다.

상대방이 복음을 받아들이지 않더라도 초조해하거나 안달하지 말라. 당신에게도 지금은 분명한 것이 그렇지 않은 때가 있었다. 당신이 소중히 여기는 성경이 아무 의미가 없던 때가 있었을 것이다. 한때 당신은 예배도 지루해했다. 교회에 가고 기도하는 일을 따분해했다.

성경은 고린도전서 2장 14절에서 그 이유를 다음과 같이 설명한다. "육에 속한 사람은 하나님의 성령의 일들을 받지 아니하나니 이는 그것들이 그에게는 어리석게 보임이요, 또 그는 그것들을 알 수도 없나니 그러한 일은 영적으로 분별되기 때문이다."

나는 콜로라도에서 교도소 사역을 할 때 나와 안면이 있는 많은 죄수들을 검거한 푸에블로 족 출신의 뛰어난 형사 한 사람을 만났다. 그는 까다로운 사건들을 해결하는 것으로 명성이 높았고 논쟁하길 좋아했다.

언젠가 그가 감옥을 찾아왔을 때 나는 그에게 다가가 나를 소개했다. "잭, 저하고 점심 한 번 하지 않겠습니까? 당신이 검거했던 사람들 몇을 데려오고 싶은데. 괜찮겠습니까?"

"예. 괜찮습니다."

"좋습니다. 그렇다면 분위기를 위해 제 아내와 함께 오겠습니다."

195cm가 넘는 키에 코끝에서 발끝까지 문신투성이며 살인, 납치 등의 전과가 있는 브루스는 점심을 먹으면서 자신의 믿음을 잭과 나누었다. 잭은 경찰서의 연락을 받고 이렇게 말했다. "제가 지금 누구와 점심을 먹고 있는지 아십니까? 아마 못 믿으실 겁니다. 지금 여기에 하나님의 역사가 일어나고 있습니다. 난생 처음 경험하는 일입니다."

그날 잭이 그리스도를 영접하지는 않았지만, 나는 계속 그에게 복음을 전하고 있다. 나는 하나님께서 역사하고 계시다는 것을 알며 그를 위해 매일 기도한다. 나는 그가 걱정될 때마다 나가서 그를 다시 찾아본다. 나는 좌절하여 그를 사랑하고 보살피는 일을 그만둘 수도 있었지만 하나님께서 나를 포기하지 않으셨다.

그래서 나는 이렇게 기도한다. "주님, 당신께서 말씀하실 때까지 그를 교회로 데려올 모든 기회를 찾아보겠습니다. 그리고 당신이 그의 삶을 바꾸시는 날까지 기다리겠습니다."

때로 좌절할지도 모른다. 그러나 나는 그것을 나의 성화 과정이라 생각하며, 따라서 좌절조차도 감사한다.

26. 교회가 원하는 것은 저의 돈뿐이에요

여기에 나는 이렇게 대응한다. "교회가 당신에게 돈을 요구한 적이 있나요? 대부분의 교회에 헌금이 있는 것은 사실입니다. 그러나 헌금은 대개 성도들에게 요구되는 것이지 방문자들에게 요구되는 것은 아닙니다. 하나님께서는 당신의 돈을 원하지 않으십니다. 당신이 그리스도인이 되면 당신의 마음속에서는 무엇인가가 일어납니다. 당신이 드리는 것은 당신이 무엇인가를 원하기 때문입니다. 기쁨으로 드리는 것이 아니라면 드리지 말아야 합니다. 교회는 당신의 돈을 원치 않습니다. 교회가 원하는 것은 당신의 삶을 예수님께 드리는 것입니다. 그렇게 하시겠습니까?"

27. 하나님께 가는 길은 많아요

이러한 반론에 부딪히면 나는 고개를 끄덕여 준다. "당신 말이 맞습니다. 모든 길은 하나님께로 통합니다. 바로 거기에 문제가 있습니다. 당신은 하나님 앞에 가서 뭐라고 말하겠습니까? 하나님께서는 구원자로서 혹은 심판자로서 당신을 맞으실 것입니다. 성경은 이렇게 말씀합니다. '하늘에 있는 자들과 땅에 있는 자들과 땅 아래 있는 자들로 모든 무릎을 예수의 이름에 꿇게 하시고 모든 입으로 예수 그리스도를 주라 시인하여 하나님 아버지께 영광을 돌리게 하셨느니라'(빌 2:10, 11)."

28. 세상에는 종교가 많아요

어떤 이들은 "세상에는 종교가 많아요. 그런데 그 중에서 어떤 종교가 옳은지 알 수가 없어요"라고 말할 것이다.

나는 그들에게 이렇게 대답한다.

"저는 세상의 모든 종교를 둘로 나눌 수 있다는 것을 알았습니다. 기독교를 제외한 모든 종교, 즉 몰몬교, 불교, 힌두교, 유대교, 그 외의 모든 '주의'가 왼쪽에, 기독교는 오른쪽에 있다고 생각해 보십시오.

왼쪽에 있는 종교를 믿는 사람들은 특히 다음의 두 가지를 주장합니다.

첫째로 예수는 하나님이 아니거나, 유일하신 하나님이 아니다. 그는 위대한 선지자이거나 선생, 혹은 선한 사람일지 모르지만 메시아는 아니다. 둘째, 충분히 '선행'을 베풀거나 세상에서 무신론자들이 사라지게 하거나 특별한 식사법을 따른다면 어떤 형태로든 구원받을 수 있다.

상반되는 두 가지 주장이 모두 진리일 수는 없습니다. 다른 종교들이 진리라면 제 신앙이 헛되다는 것을 기꺼이 인정하겠습니다. 당신도 오른쪽에 있는 기독교가 진리라면 당신의 신앙이 헛되다는 것을 기꺼이 인정하시겠습니까? 증거를 살펴보면서 우리 중에서 누가 틀렸는지 알아보도록 합시다.

기독교는 예수님은 하나님이시며, 우리가 영생을 얻을 수 있도록 사셨고 십자가에서 죽으셨다가 부활하신 예수님으로 오신 하나님이라고 주장합니다. 그리고 다음과 같이 주장합니다. '너희는 그 은혜에 의하여 믿음으로 말미암아 구원을 받았나니 이것은 너희에게서 난 것이 아니요 하나님의 선물이라 행위에서 난 것이 아니니 이는 누구든지 자랑하지 못하게 함이니라'(엡 2:8, 9)."

그런 후 묻는다. "두 가지 가르침이 모두 진리일 수 있나요? 우리는 모두 어느 쪽을 믿을지 결정해야 합니다." 이런 식으로 복잡한 논쟁을 간단한 대답으로 바꿀 수 있다.

29. 성경 번역본의 종류가 많아요
5장의 '성경에 대한 반론'이라는 소제목 아래의 '성경 번역본의 종류가 많아요' 항목이나 〈부록3〉의 29번을 보라.

30. 성경에는 오류가 많아요

5장의 '성경에 대한 반론'이라는 소제목 아래의 '성경에는 오류가 너무 많아요' 라는 항목이나 〈부록3〉의 30번을 보라.

31. 교회에는 위선자들이 너무 많아요

이러한 반론에 부딪히면 나는 먼저 이렇게 말한다. "전적으로 옳은 말씀입니다. 어느 교회에나 위선자는 있습니다. 걱정해 주시니 정말 감사합니다. 당신이 완전한 교회에 다닌다면 그 교회는 더 이상 완전하지 않을 것입니다. 예수님은 위선자들이 아니라 자신을 따르라고 하셨습니다. 당신이 위선자와 진실한 사람의 차이를 아시는 것을 보니 제가 다 흥분됩니다. 당신의 믿음이 성장하는 것을 보면 제 마음이 기쁠 것입니다."

이렇게 말한 후, 다음과 같이 덧붙인다. "제 말을 믿으세요. 당신이 그리스도를 당신의 구주로 영접하고서도 위선자처럼 행동한다면 오늘 대화를 상기시켜 드리지요. 기도할 준비가 되셨나요?"

최근에 린다의 친구인 잔이 그녀에게 이렇게 말했다. "기도와 이적의 대가로 돈을 보내길 바라는 텔레비전 전도자들을 보면 걱정이 돼. 기독교가 그런 거라면 난 그리스도인이 되고 싶지 않아."

여기에 대해 린다는 다음과 같이 대답했다. "많은 텔레비전 전도자들이 진실하지만 그렇지 못한 사람들도 있어. 이렇게 생각해 볼래? 내가 네 돈을 사취하려고 가짜로 부동산 중개인 행세를 한다고 해서 실제로 모든 중개인이 정직하지 못할까?"

"물론 아니지." 잔이 대답했다.

"마찬가지로 어떤 사람이 자기 스스로 그리스도를 대표한다고 말했다고 해서 그가 진정한 그리스도의 대표자인 것은 아니야. 오직 그리스도만이 그의 마음을 아시지."

린다의 친구는 "전에는 그렇게 생각하지 못했어"라고 말했다.

린다가 물었다. "정직하지 못한 한 사람 때문에 너를 향한 하나님의 사랑을 아는 것을 포기하겠니?"

린다는 내가 이 글을 쓰고 있는 지금도 잔에게 복음을 전하고 있다. 이제 잔 앞에 최소한 장애물은 없다.

32. 제 가족은 어떻게 되나요?

3장의 '친구와 친지를 잃을까 봐 두려워요'나 〈부록 3〉의 32번 항목을 보라.

33. 복음을 들어 본 적이 없는 사람들은 어떻게 되나요?

린다는 오래 전부터 알아 온 스튜어트에게 복음을 전할 기회가 있었다. 그가 물었다. "하지만 복음을 들을 기회가 전혀 없었던 사람들은 어떻게 되나요?"

린다는 "그 사람이 당신은 아니죠?"라고 되물었다.

"아닙니다."

"문제는 복음을 들었어도 받아들이지 않은 사람들은 어떻게 된다고 성경이 말씀하느냐일 겁니다."

스튜어트는 "그 사람들은 지옥에 갈 겁니다"라고 대답했다.

린다는 이어서 "당신은 방금 복음을 들었습니다. 받아들이시겠습니까?" 하고 물었다.

그는 "예"라고 대답하면서 고개를 끄덕였다. 린다는 그가 그리스도를 구주로 영접하는 모습을 지켜보면서 기뻐했다.

34. 왜 하나님께서는 나쁜 일들이 일어나도록 허락하시나요?

이러한 반론에 대응하는 것이 힘들어 보일 수도 있지만 당신은 성령을 신뢰해야 한다. 나는 600명의 십대들을 상대로 세미나를 열었던 일이 있었다. 나는 세미나 기간 내내 구석에 앉아 있던 한 십대의 반응에 주목하고 있다가 쉬는 시간에 그 학생에게로 갔다. 그리고 물었다.

"안녕, 이름이 뭐지요?"

"패티입니다."

"이 교회에 다니나요?"

"아니오."

"주님을 찾았나요?"

그녀는 소리치듯 말했다. "아니오!"

내가 다시 물었다. "왜 못 찾았나요?"

그 후 몇 분 동안 나는 패티의 병적이고 고통스러운 반응을 고스란히 받아 주어야 했다. 패티의 반응은 오랫동안 사역했던 내가 전혀 경험하지 못한 것이었다. 패티는 숨쉴 틈도 없이 말했다.

"도대체 어떻게 된 하나님이 제가 태어나서 열 살이 될 때까지 아버지에게 성적 학대를 당하도록 놔두실 수가 있나요? 도대체 어떻게 된 하나님이 제가 열 살 때부터 열세 살 때까지 새 아버지에게 성적 학대를 당하도록 놔두실 수 있나요? 도대체 어떻게 된 하나님이 목사님까지 저를 겁탈하도록 놔두실 수 있나요? 도대체 어떻게 된 하나님이 몇 안 되는 제 친구들이 끔찍한 사고로 산 채로 타죽게 놔두실 수 있나요?"

나는 육체적으로뿐만 아니라 정서적으로도 움찔하면서 뒤로 물러났다. 그리고 그리스도께서 바리새인들에게 어려운 질문을 받으셨을 때 어떻게 하셨는지 생각했다. 바리새인들은 요한복음 8장 4, 5절에서 이렇게 말했다. "선생이여 이 여자가 간음하다가 현장에서 잡혔나이다 모세는 율법에 이러한 여자를 돌로 치라 명하였거니와 선생은 어떻게 말하겠나이까"

예수님은 돌을 던지라고 말씀하시면 살인죄를 짓게 되고 던지지 말라고 하시면 유대 율법을 어기게 되었다. 바리새인들은 마침내 예수님을 함정에 빠뜨렸다고 생각했다. 이때 그리스도의 반응에서 나는 많은 것을 배웠다. 먼저, 예수님은 바리새인들이 말하도록 허락하셨다. 바리새인들의 말을 듣고 난 후에 예수님은 다음과 같이 말씀하심으로써 형세를 역전시키셨다. 곧 요한복음 8장 7절에서 예수님은 이렇게 말씀하셨다. "너희 중에 죄 없는 자가 먼저 돌로 치라."

다시 말해 예수님께서는 "그렇다면 너희는 어떠냐? 너희는 죄가 없느냐?"라고 물으신 것이다.

나는 이러한 예수님의 반응을 패티에게 적용했다. 그리고 부드럽게 물었다. "당신에게 처음으로 거짓말을 가르친 사람은 누군가요?"

패티는 눈물이 가득한 눈으로 나를 쳐다보며 말했다. "아무도 가르쳐 주지 않았어요."

"패티 말이 맞아요. 에덴동산의 아담과 하와 이야기를 알고 있나요? 이들이 하나님께 불순종하기 전까지 에덴동산은 완벽했어요. 아무도 다른 사람들을 괴롭히지 않았어요. 죄가 없었기 때문에 악이라는 것도 없었지요. 그러나 아담과 하와가 하나님께 불순종하자 죄가 세상과 우리에게 들어왔어요. 이제 우리는 타락한 세상에 살고 있으며, 세상 속에서 타락했어요. 패티에게 거짓말하라고 가르칠 필요가 없었던 것도 바로 이 때문이에요. 거짓말이 패티의 본성에 들어와 박혔어요. 자기 자신의 이익만 도모하는 이기적인 성향이 우리 모두의 본성이 되었어요. 이것이 아담의 저주 중 하나이지요. 그러나 이것으로 패티가 고민하는 문제가 해결되지는 않아요. 왜 하나님께서는 그 사람들이 패티를 괴롭히는 것을 막지 않으셨을까요? 왜 하나님께서는 패티의 친구들이 불에 타 죽지 않도록 막지 않으셨을까요? 패티가 허락한다면 그 해답을 알려 줄 수 있어요. 하지만 패티가 좋아하지 않을 것 같네요."

"말씀해 주세요."

"나의 대답은 나도 모른다는 거예요. 하지만 이것만은 알아요. 패티는 남은 삶을 고통 속에서 혼자 살아가거나, 아니면 못 자국 난 손을 붙잡을 수 있어요."

그러자 패티는 곧 제단 앞에 무릎을 꿇었다. 패티는 죄인의 기도를 드린 다음에 이어서 이렇게 기도했다. "하나님, 저를 괴롭힌 모든 사람을 하나님께서 용서하시겠다면 저도 한 가지 약속드릴게요. 저도 언젠가 그들을 용서할게요."

너무나 아름다운 패티의 기도는 성령의 능력으로 이루어진 기도였다. 성령은 우리 능력의 근원이시다. 이렇게 어려운 문제도 그분을 통해 솔직하게 답변함으로써 해결할 수 있다.

35. 무엇이 진리인지 알 수 없잖아요

우리의 문화가 절대적인 것, 진리란 없고 옳은 것도, 옳지 않은 것도 없다고 가르치는 것은 참으로 비극이다. 나는 이러한 반론에 대해서 여러 가지로 대응한다. 때로는 그저 "왜죠?"라고 물은 후 상대방의 설명을 들으면서 대답할 말을 찾는다.

때로는 눈을 반짝이며 상대방에게 잠시 시계를 빌려 달라고 한다. 상대방이 시계를 건네주면 내 주머니에 넣어버린다. 그런 다음에 내가 그의 시계를 내 주머니에 넣었다는 사실만 제외하고 아무 이야기나 꺼낸다. 그러면 잠시 후에 상대방은 약간 흥분하며 말한다. "제 시계 돌려주시겠어요?"

나는 이렇게 대답한다. "싫습니다. 저의 진리는 진리를 믿지 않는 사람들에게서 시계를 빼앗는 것입니다."

그러나 나는 결국 주머니에서 시계를 꺼내 상대방에게 돌려준다. 그리고 이렇게 말한다. "당신은 방금 옳은 것도, 옳지 않은 것도 없다고 했습니다. 그렇다면 제가 당신의 시계를 빼앗는 것이 옳지 않음을 어떻게 알 수 있나요?"

상대방이 대답하지 못하면 나는 이렇게 말한다. "당신은 그 말 뒤에 숨을 수 없습니다. 제 삶에 중요한 영향을 끼친 성경 구절을 당신과 함께 나누고 싶은데 괜찮겠습니까?"

언젠가 패스트푸드 점에서 차례를 기다리고 있는데 옛 친구 한 명이 뒤에서 나를 불렀다. "어, 윌리엄 아니야? 네가 변했다는 얘기 들었어. 나도 영적이라는 걸 알아줬으면 좋겠어."

나는 '영적'이라는 단어에 정신이 번쩍 들었다. 이 단어는 보통 뉴에이지를 뜻하기 때문이었다.

나는 친구에게 커피 한 잔 할 시간이 있는지 물었다. 나는 커피숍에서 그녀와 마주하고 앉아 물었다. "너에게 진리라는 것이 중요하니?"

"우리는 무엇이 진리인지 알 수 없어."

나는 친구를 바라보며 말했다. "그렇다면 내가 너를 겁탈해도 아무렇지도 않겠네?"

그녀는 깜짝 놀랐고, 아랫입술을 떨기 시작했다.

내가 물었다. "왜 그래? 뭐가 잘못됐어?"

"나 겁탈당했어."

나는 그녀의 눈을 바라보며 물었다. "왜 그게 잘못이지?"

그녀는 자신의 무서운 철학에 5분 동안이나 몸서리를 쳤다. 그녀는 왜 겁탈이 잘못인지 말할 수 없었다. 결국은 내가 참지 못하고 이렇게 말했다. "그게 왜 잘못인지 알려 주지. 그게 잘못인 것은 하나님께서 그렇게 말씀하셨기 때문이지."

며칠 후, 그녀가 전화를 했다. "네 말을 곰곰이 생각해 봤어. 네가 말한 그 하나님을 나도 만날 수 있을까?"

그녀는 절대적이며 진리이신 하나님을 만났다. 그분의 이름은 예수 그리스도이시다.

36. 당신이 저보다 낫다고 생각하시는군요

여기에 대해 나는 다음과 같이 말한다. "우선, 저는 그 누구보다 낫지 못합니다. 모든 사람과 마찬가지로 저는 하나님의 계명과 법을 어겼으며, 따라서 지옥에 갈 수밖에 없었습니다. 그러나 하나님께서 그분의 은혜와 무한한 사랑으로 제 삶 속에 한 사람을 보내 주셔서 예수님을 알게 하셨습니다. 그렇게 해서 저는 제 자신이 거룩하신 하나님 앞에서 얼마나 더러운가를 깨달았습니다. 저는 하나님께 용서를 구했으며 그분은 저를 용서해 주셨습니다. 지금 저는 누군가 저에게 주었던 바로 그 기회를 당신에게 드리고 있는 것입니다."

복습

반론을 다루는 방법을 다시 한 번 살펴보자.

　　당　　신: 예수 그리스도를 당신의 삶에 맞아들일 준비가 되었나요?
　　상대방: 아니오.
　　당　　신: 왜죠?
　　상대방: 아직 준비가 안됐어요.
　　당　　신: 왜죠?

상대방이 보이는 반응에 따라 당신은 보다 낫게 대답할 수 있을 것이다. 지금까지 살펴본 반론들을 간략하게 되짚어 보고 싶다면 〈부록 3〉을 보라.

제9장
믿지 않는 친구와 관계 맺기를 주저하지 마라

왜 당신은 세상으로 돌아가 비그리스도인들과 당신의 믿음을 나누어야 하는가? 그들은 현재의 위치에서 행복하며 간섭을 원치 않는다. 사실, 타락한 세상은 복된 소식에 관심이 없는 듯하다. 그러나 겉모습에 속지 말라. 당신이 증거해야 하는 데는 여러 가지 이유가 있다.

1. 그리스도께서 그들을 위해 죽으셨다

로마서 5장 8절은 이렇게 말한다. "우리가 아직 죄인 되었을 때에 그리스도께서 우리를 위하여 죽으심으로 하나님께서 우리에 대한 자기의 사랑을 확증하셨느니라." 이것이 복된 소식인 것은 한때는 우리도 타락했었기 때문이다. 그럼에도 불구하고 하나님께서는 우리를 사랑하실 뿐만 아니라 우리와 우리의 가족, 동료, 친지들을 위해 죽으셨다.

2. 그리스도께서는 그들도 사랑하신다

누가복음 19장 10절은 이렇게 말씀한다. "인자가 온 것은 잃어버린 자를 찾아 구원하려 함이니라." 이것이 우리가 세상으로 돌아가야 하는 또 다른 이유이다. 우리는 마태복음 9장 36~38절에서 예수님의 마음이 무리에게로 이끌린 것을 분명히 확인할 수 있다. "무리를 보시고 불쌍히 여기시니 이는 그들이 목자 없는 양과 같이 고생하며 기진함이라 이에 제자들에게 이르시되 추수할 것은 많되 일꾼은 적으니 그러므로 추수하는 주인에게 청하여 추수할 일꾼들을 보내어 주소서 하라 하시니라."

3. 그들에게는 그리스도가 절실히 필요하다

예수님은 지금도 대중을 사랑하신다. 그들의 수는 늘었을지 모르지만 그들이 필요로 하는 것은 예전과 다를 바 없다. 그들은 선한 목자를 필요로 한다. 그들에게는 그분의 사랑과 불쌍히 여기심, 또 도우심이 필요하다. 많은 사람이 결혼 생활에서 상처를 받고, 마약과 술에 빠져 있으며, 외로움과 목적의 상실로 고통받고 있다. 그들의 외로움은 하나님께서 두신 빈 자리이며, 따라서 하나님과의 관계에 의해서만 채워질 수 있다. 값비싼 옷을 입고 마호가니 책상 앞에 앉은 남자든, 빈틈없어 보이는 비즈니스우먼이든, 젊은 엄마든, 십대 혹은 학생이든 간에 그리스도를 믿지 않는 사람들은 공허하다.

4. 그분은 우리를 "사람을 낚는 어부"로 부르셨다

우리는 사람을 낚는 어부로 부름을 받지 않았는가? 마태복음 4장 19절은 이렇게 말씀한다. "나를 따라오라 내가 너희를 사람을 낚는 어부가 되게 하리라."

"사람을 낚는 어부"는 절망의 바다에서 허우적거리는 사람들에게 생명 줄을 던지는 사람이다. 사실 불신자들에게 절대적으로 필요한 것은 하나님의 사랑과 구원의 진리로 구원받는 일이다.

믿지 않는 친구들을 사귈 필요가 있다

하나님께서는 추수 현장으로 가라고 우리를 부르신다. 당신은 세상과 고립된 삶을 살고 있으며 친구라고는 성경 공부반, 수요 기도회, 주일학교, 교회 야유회, 수련회, 홈스쿨 행사, 콘서트 등에서 만나는 사람들뿐인가? 그렇다면 당신은 당신의 믿음을 나누는 기쁨을 결코 맛보지 못할 것이다. 따라서 당신의 삶은 열매를 맺지 못한다. 추수 현장에서 일하라는 하나님의 명령을 무시하고 있기 때문이다. 당신은 지상 명령에 순종할 때에만 갖게 되는 활력을 잃을 것이다.

하나님께서는 당신에게 세상을 피해 숨으라고 말씀하지 않으셨다. 세상으로 들어가라고 말씀하셨다. 어쨌든 우리가 예수님의 참된 모습을 알리지 않는다면 세상은 그분을 알 수 없다. 우리는 가서 그분이 누구인지 알려야 한다. 로마서 10장 15절 말씀을 기억하라. "아름답도다 좋은 소식을 전하는 자들의 발이여."

마태복음 28장 19절은 우리가 "가서… 제자로 삼아야" 하는 사실을 상기시킨다. 우리가 가야 하는 이유는 멀리서는 제자를 삼을 수 없기 때문이다. 예수님의 복된 소식은 물결처럼 마음에서 마음으로 전해진다. 이러한 물결이 우리의 마음에 전해졌으며 계속해서 다른 사람들에게로 전해질 것이다. 당신이 순종하면, 이 물결은 계속 확장되어 하나님께서 복된 소식을 전하라고 당신에게 명하신 사람들에게까지 이를 것이다.

우연의 일치란 없다

하나님께서는 나의 삶 속에 많은 사람을 보내 주신다. 어떤 사람들은 한 순간 머물다가 곧 사라진다. 또 어떤 사람들은 몇 달, 또는 몇 년씩 머문다. 하나님께서는 나를 그분의 아들에 대한 복된 소식을 전하는 도구로 사용하실 것이다. 이런 이유에서, 나는 사람들이 내 삶 속에 들어온 것은 결코 우연이 아니라고 믿는다.

우연의 일치의 예를 하나 들어 보겠다. 나는 법조계의 그리스도인들이 주관하는 어느 세미나에서 담대하게 예수님을 전하는 방법을 가르치고 있었다. 둘째 날 강의가 끝났을 때, 래리 켈리라는 사람이 내게 다가와 "모든 의심이 사라졌습니다"라고 말했다.

나는 도대체 그가 무슨 말을 하는지 감을 잡을 수 없었다.

"무슨 말씀이십니까?"

"저는 준비가 되었습니다."

"무슨 준비 말인가요?"

"제 삶을 예수님께 드리고 싶습니다."

나는 깜짝 놀랐다. 그 세미나는 헌신된 그리스도인들을 위한 것이었다. 나는 그에게 물었다.

"어떻게 그런 결심을 하게 되셨나요?"

래리는 자신의 이야기를 들려주었다.

"한 주쯤 전에 제가 사는 지역에 사나운 눈보라가 몰아쳤습니다.

그날 저의 직장은 휴무였습니다. 그래서 저는 지하실을 깨끗이 치워 아들의 방을 만들어 주기로 했습니다. 지하실을 치우고 있는데 하나님의 존재 문제가 자꾸만 저를 괴롭혔습니다. 책을 한 아름 안고 위층으로 옮기는데, 책 한 권이 바닥에 떨어졌습니다. 저는 책을 집어 들다가 깜짝 놀랐습니다. 예수님에 관한 책이었던 것입니다. 제가 놀랐던 것은 제게 그런 책이 있다는 사실조차 몰랐기 때문이었습니다. 저는 그 책을 그 자리에서 처음부터 끝까지 다 읽었습니다. 책을 다 읽고 나니 더욱 혼란스러웠습니다. 그때 멀지 않은 곳에 기독교 서점이 있다는 게 생각났습니다. 그래서 눈보라 속에서 차를 몰아 서점으로 갔습니다. 서점에 도착하자 서점 주인, 브루스 씨는 제가 그런 날씨에 외출한 것에 놀랐습니다. 서점에 손님이라고는 저밖에 없었기 때문에 저는 브루스 씨와 대화를 나눌 수 있었습니다. 저는 그에게 의심에 관한 책이 있느냐고 물었습니다. 없다고 했습니다. 그러나 브루스 씨는 제가 고투하고 있는 불신자라는 사실에 대화의 초점을 맞추기 시작했습니다. 그는 제가 변호사라는 사실을 알고는 우리 동네에서 150km 떨어진 곳에서 열릴 예정이었던 이 세미나를 소개해 주었습니다. 우연의 일치였습니다. 제 의뢰인도 전에 이 세미나에 대해 저에게 알려 주었기 때문입니다. 저는 세미나에 참석하지 않으려고 했으나 아내가 등을 떠밀어 결국 여기에 오게 되었습니다."

당신은 하나님께서 일하시는 방법을 좋아하지 않는가? 우리가 소위 우연의 일치라고 부르는 것들을 짚어 보자. 첫째, 래리가 하나님의 존재를 궁금히 여길 때 바로 그 책이 바닥에 떨어졌다. 그리고 래리의 친구와 서점 주인이 그에게 세미나에 대해 알려 주었다. 래리는 세미나에 참석했고 주님을 만났다. 나는 '우연의 일치'로 그를 알게 되었고, 그가 사는 지역에 있는 성경적인 교회와 연결시켜 주었다. 그는 지금 70명의 사람들과 함께 남성을 위한 성경 공부반에 참석하고 있으며, 그의 믿음도 계속 자라고 있다.

하나님께서 당신 앞에 두신 사람들을 결코 소홀히 대하지 말라. 그들과 관계를 맺을 방법을 찾아보라. 다음에 소개하는 방법들을 사용할 수 있을 것이다.

관계 맺기

관계를 맺는 방법은 많다. 단지 하나님을 기쁘시게 하는 데 있어서 얼마나 창의적이냐, 그것을 얼마나 원하느냐에 따라 제한받을 뿐이다.

1. 이웃 만나기

불행히도 우리의 이웃 가운데에는 공동체 의식이 전혀 없는 사람들이 많다. 당신은 동네를 다니며 자신을 소개함으로써 분위기를 바꾸는 데 일조할 수 있다. 파출소를 찾아가 지역의 방범 시스템이 어떻게 돌아가는지 알아볼 수도 있다. 이웃 사람들을 집으로 초대할 수도, 주님의 인도하심이 느껴진다면 이웃 사람들을 개인적으로 만나서 도둑 이야기에서 영원한 생명을 주러 오신 예수님의 이야기로 대화의 초점을 옮겨갈 수도 있다. 또한 파출소와 손을 잡고 지역 어린이들을 위한 다양한 행사도 마련할 수 있다.

2. 기도 요청

동네를 돌면서 만나는 사람들에게 이렇게 말하라. "저는 기도를 참 많이 합니다. 그래서 기도 부탁을 받으면 기록하려고 이렇게 수첩을 들고 다닙니다. 제가 기도해 드릴 일이 있나요?" 나중에 다시 한 번 동네를 돌 때 만나는 사람들에게 이렇게 물어보라. "궁금한데, 지난번에 제게 부탁하신 기도에 응답받으셨나요?" 기도의 응답을 받았다면, 그는 당신이 던지는 다섯 개의 '전도 질문'에 답할 준비가 되어 있는 것이다. 그렇지 않더라도 당신은 그들과 계속 관계를 맺어야 한다.

3. 비디오 파티

또 하나의 방법은 이웃 부부를 밖에서 만나면 남편에게 이렇게 말하는 것이다. "안녕하세요? 결혼 생활에 대해 관심이 많으시죠? 다음 주 화요일 밤에 이웃 사람들 몇이 저희 집에 모여서 다과를 나누며 결혼 생활을 좀 더 잘할 수 있는 방법에 관한 비디오를 볼 계획이거든요. 30분이면 됩니다. 함께하시겠습니까?" 아마 그는 아내 앞에서 "아니오"라고 대답하지는 못할 것이다.

4. 이야기 파티

당신은 또한 터퍼웨어(Tupperware)사의 방법을 적용해서 이웃을 집으로 초대하여 봄이나 발렌타인데이 등 무엇이든 축하하면서 즐거운 시간을 가질 수 있다(식기를 만드는 터퍼웨어사는 9만 명의 영업 사원으로 하여금 홈파티를 열어 1년에 2천 2백만 명의 소비자와 만나게 했다—역자 주). 이런 자리의 목적은 모두가 둘러앉아 자신들의 이야기를 나누는 것이다.

성탄절 무렵이라면, 가장 기억에 남는 성탄절 이야기를 나눌 수도 있을 것이다. 한 부부에게—다른 지역에서 온 부부라도 상관 없다—

자리에서 일어나 5분 동안 성탄절의 진짜 의미를 나누게 하라. 메모지를 나눠 주고 각자의 이름과 전화번호를 적어 달라고 부탁하라. 그런 다음에 "여러분 가운데 성탄절의 진짜 의미를 알고 싶으신 분은 빈 칸에 표시를 해서 저에게 주시면 감사하겠습니다" 라고 말하라.

당신은 또한 복음을 제시하는 전도지를 작은 봉투에 넣어 성탄절 선물로 미리 줄 수 있다. 그리고 그리스도와 관계를 맺는 방법을 설명하는 마지막 부분을 읽어 보라고 권할 수도 있다. 빈 칸에 표시를 한 이웃에게 나중에 전화를 걸어 잠시 그의 집에 들러 대화를 나눠도 괜찮겠냐고 물어보라. 전도 성경과 전도 질문을 챙겨 가서 복음을 전하라. 그가 반응을 보인다면, 다음 모임을 그의 집에서 가져도 되겠느냐고 물어보라.

이렇게 하는 이유는 이들의 초대를 통해서 당신이 평소에 만나기 힘든 이웃과 친지들을 만날 수 있기 때문이다. 터퍼웨어사의 파티처럼 이야기 파티는 당신의 동네에서, 집에서 집으로 계속 이어질 수 있다. 텍사스의 한 마을에서는 이러한 동네 파티를 통해 150명의 주민이 복음을 받아들였다. 그들은 계속 모임을 열며 지금은 목회자를 구하고 있다.

5. 특별한 관심

공통된 관심, 취미, 스포츠 활동, 에어로빅, 퀼트 모임, 볼링 리그를 통해서도 관계를 맺을 수 있다.

6. 친절한 행동

선한 행동은 전기와 아주 비슷하다. 전기는 사람들이 빛을 보도록 도와준다. 내가 이웃 사람들을 감동시키고 싶을 때 가장 즐겨 사용하는 방법 가운데 하나는 이웃집 앞에 쌓인 눈을 치워 주는 것이다. 지친 몸으로 직장에서 돌아온 사람들은 집 앞의 눈이 말끔히 치워진 것을 보고 자신의 눈을 의심할 것이다. 약간의 창의성을 발휘한다면, 당신도 가족과 친구, 이웃을 섬길 방법을 다양하게 생각해낼 수 있다.

7. 동네 잔치

큰 동네에서는 동네 잔치를 여는 것으로 당신의 믿음을 효과적으로 나눌 수 있다. 비용은 1인당 1달러 남짓이면 된다. 이런 파티는 당신이 다니는 교회의 교인들뿐만 아니라 동네 사람들과도 가까워질 수 있는 기회이다.

최근에 어느 교회에서 후원하는 바비큐 파티에 주변에 사는 사람들 수백 명이 몰려왔다. 교인들은 동네 사람들과 어울려 '두려움 없는 전도법'을 통해 복음을 제시했다. 그 결과 238명의 사람들이 그리스도를 믿겠다고 결단했다. 이런 행사를 기획하는 법을 다룬 『The Evangelistic Block Party』라는 책을 북미 선교회(North American Mission Board, 1-800-233-1123)에 주문할 수 있다. 복음을 위한 다리를 놓아 줄 다양한 행사를 기획하는 데 관심이 있다면 티모시 사역 협회(Timothy Ministry Institute)의 팀 놉스(Tim Knopps)에게 연락을 취할 수 있다(전화: 405-478-2186, 주소: 11311 Gold Leaf Lane, Oklahoma City, OK 731313258).

8. 지역 사회 봉사

당신은 당신의 교회가 지역 사회를 섬기는 일에 참여하길 원할 것이다. 주일학교나 학생회가 쇼핑몰을 찾아 주차된 자동차의 유리를 닦아주고 다음과 같이 메모를 남길 수 있다. "우리가 당신의 차를 닦아주는 것은 하나님께서 당신을 사랑하시기 때문입니다." 이때 교회 이름도 꼭 남겨라.

9. 오랜 친구들

한 번도 복음을 나눈 적이 없는 오랜 친구에 대해 성령께서 당신에게 마음속에 어떤 확신을 주신다면 그에게 전화하라. 그리고 "네게 개인적으로 긴히 할 말이 있는데 언제 만날 수 있을까?" 당신을 방해하는 것이 아무것도 없고, 주의를 산만하게 하는 아이들도 없으며, 저녁을 차려 주어야 할 남편도 없는 장소를 택하라.

친구와 당신, 둘 만의 은밀한 시간을 계획하라. 사과하면서 대화를 시작하라. "먼저 너에게 사과할 게 있어. 내 삶에서 가장 중요한 것을 네게 말해 주지 못했거든. 네가 어떻게 하면 예수 그리스도와 개인적인 관계를 맺을 수 있는지 말해 주지 못했어. 정말 미안해."

대부분의 경우, 친구는 "미안해할 필요 없어"라고 하면서 당신이 정상적인 기분으로 돌아가도록 도울 것이다.

그러면 이렇게 말하라. "아니야, 미안해. 우리가 오늘 이렇게 만나서 점심을 먹기 전에 네가 죽었다면 나는 네가 어디로 갈지 알고, 너를 너무나 사랑하기 때문에 괴로워서 견딜 수 없었을 거야. 우리가 어떻게 영원히 함께할 수 있는지 네게 말해야 하고 또 말해 주고 싶어. 네가 어떻게 하면 예수 그리스도와 개인적인 관계를 맺을 수 있는지 말해 주고 싶어."

그런 후에 다섯 개의 '전도 질문'을 하고 '전도 구절'을 나누어라.

10. 과거에 알았던 사람들 다시 만나기

어떻게 과거로 돌아갈 수 있을까? 상처 입고 모욕을 당해 훼손된 관계를 그대로 방치해 두고 있는가? 당신이 깨달아야 할 첫째 원리는 하나님의 때를 기다리는 것이다. 나는 편지를 쓰거나 전화를 하거나 직접 만나야 할 때라고 하나님께서 결정하실 때를 쉽게 깨닫는 방법을 익혔다. 그래서 나는 과거에 알았던 사람의 이름이 갑자기 떠오를 때 편지를 쓰거나 전화를 하거나, 혹은 직접 만난다.

사람들은 내게 이렇게 묻는다. "윌리엄, 먼저 그 일에 대해 기도하면서 기다려 보는 게 낫지 않을까요?"

그러면 나는 이렇게 대답한다. "그 일을 놓고 기도하고 있지만 더 기다릴 수는 없습니다. 지금까지 까맣게 잊고 있던 사람의 이름이 왜 갑자기 떠올랐는지 몹시 궁금하거든요."

이제는 행동해야 할 때이기 때문에 하나님께서 성령의 능력으로 그 이름이 내 마음에 떠오르게 하셨다고 나는 생각한다. 그래서 나는 즉시 기도하고 행동할 준비를 한다.

나를 기소했던 토마스 검사의 이름이 떠올랐을 때도 마찬가지였다. 우리는 10년 전에 처음으로 대면했다. 그때 이후 그가 어떻게 살아왔는지 궁금했다. 나는 기도를 한 후에 그에게 전화를 걸어 점심을 함께할 수 있겠느냐고 물었다. 나는 토마스가 계속 나의 뒤를 캐고 있었다는 사실을 알았다. 또한 나의 삶이 완전히 바뀌었기 때문에 그의 추적이 오히려 내게 이롭게 작용하리라는 것도 알았다. 나는 토마스와 점심을 함께하면서 나의 삶에 일어난 일들을 나누었다. 그리고 그가 하나님의 계획의 한 부분이 되어 내가 정신을 차리게 하는 데 계기가 되었으며, 결과적으로 예수 그리스도를 발견하는 여정을 시작할 수 있게 해 준 것에 감사했다. 나는 나의 믿음을 토마스와 나누었으며, 그가 아무런 반응을 보이지 않았지만 씨를 뿌리는 특권을 누렸다.

그로부터 몇 년 후 토마스의 이름이 다시 떠올랐다. 그래서 나는 다시 그에게 전화를 걸었으며 함께 점심을 먹었다. 그가 이번에는 메레디스라는 그리스도인 여자 친구를 데리고 나왔다. 지금 생각해 보면, 토마스가 그녀를 데리고 나온 것은 내가 진짜 그리스도인인지 확인해 보기 위해서였거나 아니면 그녀와 내가 공통점이 많으리라는 것을 알고 함께 즐거운 시간을 갖기 위해서였던 것 같다. 나는 그에게 구원자가 필요하다는 사실을 다시 한 번 상기시켰다. 그러나 여전히 아무 일도 일어나지 않을 듯했다.

그러나 메레디스는 내가 설교하는 교회에 나가겠다고 했으며 토마스에게 함께 가자고 했다. 몇 주 후, 토마스는 정말 교회에 나타났으며 우리는 다시 만났다.

나는 상황을 살피려고 이렇게 물었다. "혹시 신앙을 가지고 계신가요?"

그는 웃으면서 말했다. "다 알고 있잖아요."

나는 가슴이 뛰었다. "그게 무슨 뜻입니까?"

"제 마음을 예수님께 드렸습니다."

순간 나는 예배당 안의 모든 사람이 다 들을 수 있을 만큼 큰 소리로 환호성을 질렀다. 하나님의 때는 완벽하다. 그분은 과거를 사용하여 미래를 여신다.

11. 직장

한 현자는 "사람의 믿음은 그가 어떻게 말하느냐가 아니라 어떻게 행동하느냐에 따라 평가된다"고 말했다.

직장 동료들이 당신을 지켜보고 있다. 그러므로 당신은 성실하고 윤리적이어야 한다. 당신이 열심히 일하고 자리를 정돈하며 시간이나 자원을 낭비하지 않을 때, 동료들은 당신을 주목할 것이다.

세미나에서 사람들은 직장에서 전도하는 방법에 관해 자주 질문하는데, 나의 대답에 그들은 깜짝 놀란다. "근무 중에는 전도하지 마십시오. 사장이 당신에게 시간 당 20달러 정도를 지불하고 있는 한 그는 당신이 그 시간에 믿음을 나누는 것을 원치 않을 것입니다."

데이브 니콜 코치는 이렇게 말한다.

"저는 항상 시간을 내서 전도합니다. 저는 제가 할 수 있는 한 최고의 교사이자 코치가 됨으로써 하나님을 높이려고 노력합니다. 저의 직업윤리와 다른 사람들에 대한 헌신으로 사람들과 관계를 맺을 기회를 얻습니다. 따라서 저는 학생들과 그들의 가족을 전도할 때 늘 제 자신의 시간을 사용합니다."

데이브의 생각이 옳다. 전도하는 데 근무 시간을 사용해서는 안 된다. 그러나 준비와 나눔은 다르다. 당신은 다섯 개의 전도 질문을 간단하게 제시하면서 불신자를 준비시키는 방법에 대해서는 이미 배웠다. 이 방법은 잠깐만 시간을 내면 된다. 커피 한 잔 마실 동안이나 복도에서 마주칠 때 할 수 있다. 동료가 더 많은 것을 알고 싶어 하면 저녁이나 점심 약속을 하거나, 성경 공부나 교회 예배에 함께 참석하는 약속을 정하라. 특히 사장이거나 관리자의 위치에 있거나, 병원 같은 곳을 운영한다면 사람들이 당신을 상당한 권위가 있는 사람으로 생각할 것이므로 당신은 매우 신중해야 한다.

당신은 당신의 권위가 아니라 성령의 도우심을 의지해야 한다. 즉

직원들이 제공하는 단서에 세밀하게 귀를 기울여야 한다. 다음과 같은 말들이 단서가 될 수 있다. "사는 게 참 힘들어요." "어떻게 해야 할지 모르겠어요." "남편 때문에 화가 나요." "애들 때문에 미치겠어요." "전혀 좋아질 것 같지 않아요." "어머니가 죽어가고 있어요."

또한 몸짓으로 표현되는 단서도 포착할 수 있을 것이다. 직원이 허공을 바라보거나 초조해하거나 화를 내거나 매사에 의욕을 잃은 모습을 보일 수 있다. 당신은 이러한 징후들을 기회로 삼아 그의 곁에 다가가 "괜찮아요?"라고 물을 수 있을 것이다.

직원이 마음을 열고 자신의 아픔을 털어놓는다면 최선을 다해 귀를 기울여라. 그리고 친절하게 말하라. "알다시피, 나도 문제가 많았지만 아픔을 해결하는 방법을 찾았습니다."

상대방이 당신의 해결책이 무엇이었느냐고 묻는다면 당신은 당신의 믿음을 나누어도 좋다는 허락을 받은 것이다. 나는 이럴 경우에 재빨리 그리고 지혜롭게 나의 믿음을 나눈다.

직장에서 믿음을 나누는 것에 대해서는 11장에서 좀 더 자세히 살펴보겠다.

12. 인정 있게 대하라

다른 사람들을 인정 있게 대하는 것은 아주 중요하다. 예수님의 가르침을 마음에 새겨라. "무엇이든지 남에게 대접을 받고자 하는 대로 너희도 남을 대접하라"(마 7:12).

곧 사람들을 섬길 방법을 찾아보고 부디 화를 억누르라. 혹시 참지 못하고 화를 냈다면 자존심을 세우지 말고 사과하라. 당신이 사랑으로 손을 내밀면 사람들이 당신의 빛을 볼 것이다. 예수님은 마태복음

5장 14~16절에서 이렇게 말씀하셨다. "너희는 세상의 빛이라 산 위에 있는 동네가 숨겨지지 못할 것이요 사람이 등불을 켜서 말 아래에 두지 아니하고 등경 위에 두나니 이러므로 집 안 모든 사람에게 비치느니라 이같이 너희 빛이 사람 앞에 비치게 하여 그들로 너희 착한 행실을 보고 하늘에 계신 너희 아버지께 영광을 돌리게 하라."

13. 고통 중에 있는 친구

절망하고 외로우며 아는 사람이 몇 안 되는 사람들은 종종 자신들의 문제를 숨김없이 털어놓고 싶어 한다. 이럴 때 우리가 우선적으로 해야 할 일은 그들의 말에 귀 기울이는 것이다. 실제로 경청의 이면에는 사랑의 원리가 있다. 우리는 상대방의 말뿐만이 아니라 하나님의 말씀에도 귀를 기울여야 한다. 다시 말해, 우리는 상대방을 사랑하는 최선의 방법을 찾기 위해 귀를 기울여야 한다. 상대방이 자신의 상처를 말하는데, 단지 성경 구절만 제시하면서 "당신을 위해 기도하겠습니다"라고 말하는 데 그치지 않도록 주의해야 한다.

"당신을 위해 기도하겠습니다"라고 말하면서, "정말 끔찍했겠어요." "저도 마음이 아픕니다." "제가 도와드릴 일이 있을까요?" 또는 "제가 어떻게 하면 좋겠습니까?"와 같은 반응도 보여야 한다.

때로는 정성 어린 카드 한 장을 책상에 놓아두거나 집으로 보내는 일이 상대방에 대한 엄청난 배려일 수 있다. 이러한 방법을 통해, 우리는 비그리스도인들과 달리 상대방의 입장이 되어 생각한다는 것을 보여 줄 수 있다.

혹은 음식을 그의 집 앞에 살짝 가져다 놓을 수도 있다. 정원의 잔디를 깎아 주거나, 집 앞의 눈을 쓸어 주거나, 혹은 외식 상품권을 보내 줄 수도 있다. 당신은 이러한 일들을 통해 도움이 절실히 필요한 상대방과 끈끈한 관계를 형성할 수 있다.

나는 다섯 개의 전도 질문을 하라고 제안하지는 않는다. 지금은 단지 어두운 가운데 빛을 비춰 주어야 할 때이다. 당신이 빛을 비출 때, 상처받은 친구는 당신이 누구이며 무슨 일을 하는지 필연적으로 알게 될 것이다. 알다시피, 가장 강력한 전도의 도구는 사랑이다. 장담컨대, 머지않아 하나님께서는 당신의 믿음을 보다 개인적인 수준에서 나눌 수 있는 기회를 주실 것이다.

14. 그 밖의 방법들
당신의 믿음을 그 밖의 다른 시간에 나누기 위해 상대방과 쇼핑이나 식사를 하거나, 혹은 커피를 마셔라.

두려워하지 말라

언젠가 나는 세미나를 인도하면서 참석자들에게 현장에 나가서 다섯 개의 전도 질문을 던져 보라는 과제를 주었다. 그러자 한 여자가 내게 와서 감정이 북받친 목소리로 말했다. "저는 볼링 팀원들에게 물어볼 겁니다."

그 다음 주에 그녀는 이렇게 말했다. "윌리엄 씨, 전도 질문을 하다가 그들 다섯 명 모두가 거듭났으며 교회에서 활발히 활동하고 있다는 사실을 알고 저는 얼마나 놀랐는지 모릅니다. 우리는 5년 동안이나 함께 볼링을 쳤습니다. 그런데도 지금까지 서로의 믿음을 나눈 적이 한 번도 없었어요."

이럴 수가! 삶의 한 부분을 함께 나누면서도 서로에 대해 전혀 모르는 것이 어떻게 가능한가! 우리는 그러지 말아야 한다.

그러나 당신은 이렇게 말할 수도 있다. "막상 제 믿음을 친구와 나누려고 하니 두려워요. 친구가 그냥 문을 닫아버리면 어떻게 하죠?"

닫힌 문

내가 믿음을 나누는 상대방이 복음을 받아들이길 거부하면 나는 나 자신이 거부당하고 상처를 입었다고 느낄 것이다. 그러나 그 사람이 거부하는 것은 내가 아니라 예수님이며 성경이라는 사실을 알아야 한다.

그럴 때 나는 심호흡을 크게 한 번 하고 이렇게 말한다. "주님, 괜찮습니다. 당신의 때를 기다리겠습니다."

그러나 나는 유능한 어부가 그렇듯 고기잡이를 포기하지 않는다. 하나님께서 누군가를 나의 마음속에 두셨다면 나는 미끼와 장소, 고기 잡는 방법을 바꿔 볼 것이다. 그러면서 놓친 고기에 집착하여 앞으로의 기회마저 놓치지 않도록 스스로를 일깨울 것이다. 게다가 나는 하나님께서 이런 상황을 통해 떠나보내고 기다리는 법을 나에게 가르치시고 기도 생활을 강화하신다는 사실을 깨달았다.

사랑하는 사람들을 떠나보내는 것이 우리의 희망이나 꿈과 잘 맞지 않을 수도 있다. 그러나 우리는 하나님을 신뢰해야 한다. 그분은 우리가 사랑하는 사람들이 그리스도와 관계 맺는 것을 우리보다 훨씬 더 바라신다.

지난 수십 년 동안, 나의 삶에는 그리스도와의 관계에 전혀 관심이 없는 사람들이 있다. 그래도 괜찮다. 나는 하나님의 완전한 타이밍을 기다리고 있다. 언젠가는 그들도 복음에 마음을 열 것이기 때문이다. 때때로 나는 상대방과 얼굴을 맞대고 복음을 전한다. 그런가 하면 어떤 때는 복음이 나의 입가를 맴돌기만 한다. 내가 사람들과 사귀는 목적은 그들에게 다섯 개의 전도 질문을 제시하기 위해서가 아니다. 나의 목적은 내가 그들의 삶에 관심을 갖고 있으며 내가 그들을 사랑한다는 사실을 그들이 알게 하는 것이다.

우리는 우리의 믿음을 사랑하는 사람들과 나누어야 함을 잊지 말아야 한다. 그럼에도 불구하고 우리는 사랑하는 사람들이 반응을 보이지 않을 때 낙심하기 쉽다. 한 친구가 낙심한 한 목회자의 이야기를 들려주었다. 그 목회자가 믿음을 나누려 할 때마다 상대방은 "아니오"라고 대답했던 것이다.

그러한 일이 일어날 때 하나님께서는 당신이 순종하기를 바라신다. 상대방이 "아니오"라고 말한다면 그것은 누구의 문제인가? 당신의 문제인가 아니면 하나님의 문제인가? 하나님께서는 그분이 사랑하시는 사람들에게 거부당하실 때 어떤 기분인지 알도록 당신을 성화(聖化)시키고 계시는 것이 아닐까?

포기할 이유를 찾지 말라. 대신에 예수님처럼 순종을 구하라. 예수님은 십자가를 지셔야 하셨음에도 불구하고 결코 그만두지 않으셨다.

어쩌면 당신에게 필요한 것은 상대방에게 복음을 받아들이라고 강요하는 일을 중단하는 것일지도 모른다. 당신은 상대방에게 그리스도에 대한 거짓 결단을 강요할 필요가 없다. 상대방이 성령의 능력을 통해 진정으로 거듭나는 것이 당신의 유일한 바람이어야 한다. 당신은 당신이 구원을 강요했던 사람에게 용서를 구해야 할 필요가 있을지도 모른다. 그렇다면 이렇게 말하라. "당신을 그리스도인으로 만들려 했던 것에 대해 사과드립니다. 선택은 제 몫이 아니라 당신의 몫이라는 것을 이제야 깨달았습니다. 당신에게 결단을 강요했던 것을 용서해 주십시오."

릭과 약혼한 일레인은 이렇게 말했다. "저의 의지를 강요한 것에 대해 약혼자에게 사과했습니다. 그제서야 그는 복음을 생각해 볼 수 있게 되었습니다. 지금까지 우리 두 사람 사이에서 구원의 메시지는 그의 마음에서 일어나는 싸움이 아니라 우리 두 사람 간에 일어나는 의지의 싸움이었습니다."

기억하라. 때로는 사람들이 십자가에 반응하지 않을 수 있다. 예수님이 십자가에 달리셨을 때 사람들이 예수님을 저주하고 조롱하며, 그분에게 침을 뱉고 그분을 고문하며 그분의 옷을 제비뽑았지만 예수님은 끝까지 충성하셨다. 끝까지 충성하는 것, 이것이야말로 우리에게 주어진 보다 고차원적인 소명이다. 물론 상대방이 마지막 순간에 회심할 가능성은 늘 있지만 그것은 우리의 몫이 아니다. 우리의 몫은 보이는 대로가 아니라 믿음으로 행하며 우리가 할 수 있는 일을 다하고 하나님께 순종하면서, 결과를 그분께 맡기는 것이다.

관계 유지하기

복음에 반응하지 않은 사람들과 어떻게 관계를 유지할 수 있는가? 내가 어떤 사람인지 알고 언제라도 나와 믿음을 나눌 것이라고 생각되는 사람들이 나의 삶 속으로 들어오면 나는 매우 기쁘다. 나는 단지 그들을 사랑하는 데에만 시간을 쓴다. 그러나 그들은 거의 언제나 이것을 귀찮아한다. 그들은 이렇게 묻는다. "아직도 교회에 다니세요? 아직도 성경을 읽으세요?"

나는 때로 간단하게 그렇다고 대답한다. 그리고 나는 불가피하게 그들의 삶에 찾아오게 될 비극을 기다린다. 나는 그들의 삶 속에 비극의 순간들이 있으리라는 것을 안다. 상처를 전혀 입지 않은 채 이 세상을 헤쳐 나갈 수 있는 사람은 없기 때문이다. 그들에게 비극의 순간이 올 때, 나는 기대와 사랑으로 그들 곁에 있고 싶다.

생활 전도

이 장 전체가 사실은 생활 전도에 관한 것이다. 생활 전도란 우리가 다른 사람들에게 솔직하고 겸손하며 관심을 갖고 성실과 인격이 동반된 삶을 살 때 이루어진다. 우리가 이러한 삶을 살면, 사람들은 우리의 차이점과 동기에 매혹될 것이다. 이러한 생활 방식의 기초는 사람들에 대한 깊은 사랑과 하나님께 헌신된 삶이다. 이러한 삶은 우리의 마음에서부터 나오는 것이기에 사람들은 우리의 삶을 통해 하나님을 알게 될 것이다.

예수님은 완벽한 균형을 갖춘 생활 전도를 삶으로 보여 주셨다. 그분은 접촉할 수 없는 사람들과 기꺼이 접촉하셨으며, 사랑할 수 없는 사람들을 기꺼이 사랑하셨으며, 가르칠 수 없는 사람들을 기꺼이 가르치고 고치셨다. 예수님이 하신 모든 일의 기초는 다른 사람들과 하나님 아버지에 대한 사랑이었다. 그러므로 당신 안에 있는 소망의 이유를 묻는 사람들에게 대답할 것을 항상 준비하라(벧전 3:15).

제 10 장

진실한 마음으로 기도하라

기도 생활은 우리가 영적 생활을 얼마나 잘하고 있는지를 재는 잣대이다. 이러한 한 가지 이유 때문에라도 우리는 시간을 내어 기도해야 한다. 당신의 기도에는 찬양과 예배, 죄의 고백, 자신과 다른 사람들을 위한 중보가 포함되어야 한다.

기도를 하면 할수록 당신은 하나님의 임재를 더 깊이 느끼게 될 것이다. 데살로니가전서 5장 17절이 지적하듯이, 우리는 "쉬지 말고 기도해야" 한다. 이것은 훌륭한 조언이다. 우리는 하나님과 지속적으로 대화할 때 그분의 임재를 구할 수 있기 때문이다. 나는 다음과 같은 마더 테레사의 명함에 적힌 문구가 좋다. "침묵의 열매는 기도이다. 기도의 열매는 믿음이다. 믿음의 열매는 사랑이다. 사랑의 열매는 섬김이다. 섬김의 열매는 평안이다."

기도는 우리를 믿음과 사랑과 섬김과 평안으로 인도한다. 뉴욕 주

브룩클린 출신의 짐 심발라(Jim Cymbala) 목사도 여기에 동의할 것이다. 그는 『새 바람 강한 불길』(Fresh Wind, Fresh Fire)이라는 책에서 하나님께서 해결하지 않으셨다면 자신이 목회하는 초라한 브루클린 타버나클 교회(Brooklyn Tabernacle)의 문을 닫을 수밖에 없었던 상황을 이야기한다.

작고 초라한 그의 교회는 어려움에 처해 있었다. 그뿐만 아니라 그는 지독한 겨울 감기에 몇 달째 시달리고 있었다. 결국에는 폐가 충혈되어 상당 기간의 휴식이 필요한 심발라를 장인과 장모가 플로리다 주 상트페테르부르크로 보냈다. 어느 날 젊은 목사 심발라는 20명의 여행객과 함께 낚싯배를 타고 있었다. 그는 구석에 혼자 앉아 조용히 기도했다.

"주님, 저는 어떻게 해야 성공한 목사가 되는지 알지 못합니다. 게다가 저는 훈련도 받지 못했습니다. 제가 아는 것이라고는 도처에서 사람들이 죽어가고 헤로인에 취해 있으며 물질 만능주의를 비롯해 그 밖의 여러 가지 악한 영향을 미치는 것들에 빠져 있는 뉴욕의 한가운데서 캐롤과 제가 사역하고 있다는 것뿐입니다. 복음이 그렇게 능력이 있다면…"

그는 흐르는 눈물 때문에 기도를 마칠 수 없었다. 그때 그는 하나님께서 그에게 "너와 네 아내가 내 백성으로 하여금 기도하고 내 이름으로 구하게 하면 네게 설교가 끊이지 않으리라. 내가 교회와 네 가족에게 필요한 물질을 모두 공급할 것이며, 아무리 큰 건물도 다 수용하지 못할 정도로 많은 사람들을 네게 보내리라"라고 말씀하시는 것을 느꼈다.

심발라 목사는 브룩클린으로 돌아와 교인들에게 이렇게 말했다.

"주님께서는 우리가 그분께 구하면 응답하시고 구원받지 못한 자들을 그분께로 이끄시며 성령을 우리에게 부어 주시겠다고 약속하셨습니다. 주님께서는 우리가 그분께 구하지 않으면 아무것도 주지 않겠다고 하셨습니다. 아주 간단합니다. 제가 어떠한 설교를 하든, 우리가 이성적으로 어떠한 것을 믿는다고 주장하든, 미래는 우리의 기도에 달려 있습니다."[1]

심발라 목사는 지금까지 25년 동안 브룩클린 타버나클 교회에서 섬기고 있다. 그 동안 교인은 20명에서 6,000명 이상으로 늘어났다. 하나님께서는 기도하는 그 교회를 통해 지금도 일하고 계신다. 심발라 목사가 옳았다. 구하지 않으면 그 어떤 것도 얻을 수 없다.

예수님은 우리에게 친히 가르치셨다. "구하라 그리하면 너희에게 주실 것이요 찾으라 그리하면 찾아낼 것이요 문을 두드리라 그러면 너희에게 열릴 것이니 구하는 이마다 받을 것이요 찾는 이는 찾아낼 것이요 두드리는 이에게는 열릴 것이니라"(마 7:7, 8). 아주 간단한 이치이다. 구하지 않으면 얻지 못한다. 우리는 오직 기도를 통해서만 하나님의 품 안으로 들어갈 수 있다.

나누기 전에 기도하라

나는 나의 믿음을 수천 번도 넘게 나누었는데, 그 전에 상대방을 위해 기도하지 않은 적은 한 번도 없었다. 나는 어떤 사람을 우연히 만나도 조용히 기도하면서 하나님의 도우심을 구한다.

나는 또한 불신자들의 명단을 적어 놓고 그들을 위해 매일 기도한다. 나의 기도 대상자 목록에는 몇 년째 그대로 있는 이름들이 있다.

그런가 하면 잠시 있다가 사라지는 이름도 있다. 그 이름들의 주인공은 하나님께서 나의 마음에 두신 친지에서부터 유명인들에 이르기까지 매우 다양하다.

캐시 그랜트(Kathie Grant)는 불신자들을 위해 기도하라는 소명을 잘 실천하고 있다. 캐시는 한 주에 2,500명의 불신자들을 위해 기도한다. 얼마 전에 그녀와 그녀의 남편 폴은 애틀랜타에서 덴버로 가는 비행기를 탔다. 캐시는 비행기에서 7년 동안이나 자신의 기도 대상자 명단에 올라 있는 상원의원을 만났다. 바로 옆자리에 나란히 앉은 그와 캐시는 세 시간 반 동안 대화를 나누었다. 캐시가 물었다. "의원님, 복음이 뭔지 아세요?"

"아니오." 그가 대답했다.

그는 예순 여섯의 나이에도 불구하고 한 번도 복음을 들어 본 적이 없었다.

캐시가 물었다. "의원님, 의원님과 성경 몇 구절만 나누고 싶은데 괜찮겠어요?"

"괜찮고 말고요." 그가 대답했다.

캐시는 그와 함께 전도 구절을 나누었다. 나중에 캐시는 이렇게 증언했다. "그가 성경을 소리 내어 읽을 때, 저는 성령께서 역사하고 계시다는 것을 알 수 있었습니다."

상원의원은 그날 그리스도를 영접하는 기도를 드리지 않았다. 그러나 캐시는 자신이 기도했고 자신의 믿음을 나눔으로써 하나님께 순종했으며, 따라서 자신은 성공했다는 것을 알았다. 그녀는 "제 평생에 가장 멋진 순간 가운데 하나였어요"라고 그때를 회상한다.

나 역시 기도의 능력이 불신자의 삶을 바꿔 놓는 것을 보았다. 몇 년 전에 나는 고위직 경찰과 골프를 친 적이 있었다. 여기서 그를 테드라 부르기로 하겠다. 젠이라는 그리스도인도 함께 골프를 쳤다. 나는 15번 홀에서 테드에게 물었다. "혹시 교회에 다니십니까?"

그는 전국을 다니면서 교회를 다섯 군데나 다녔다고 했다.

나는 그에게 물었다. "당신이 죽으면 어디로 가실 것 같습니까?"

그는 나에게 가까이 다가오더니 이렇게 소리쳤다. "페이, 당신은 내가 어디로 갈지 정확히 알고 있지 않소?"

나는 뒤로 물러서지 않고 오히려 두 걸음 더 그에게로 다가갔다. 우리는 얼굴을 맞대고 서게 되었다. 나는 미소를 지으며 말했다. "테드 씨, 당신이 어디로 갈지 제가 어떻게 알겠습니까?"

슬쩍 보니 젠은 말 그대로 고개를 숙이고 기도하기 시작했다. 나는 그가 기도하는 동안 테드의 마음이 녹아내리는 것을 느낄 수 있었다. 테드는 "당신 말이 맞습니다. 나도 내가 어디로 갈지 모릅니다"라고 말했다. 바로 그 자리, 플럼 크릭 골프 코스 15번 홀에서 테드는 자신의 마음을 그리스도께 드렸다. 나는 중보의 능력이 하나님께 저항하는 사람의 마음을 녹이는 것을 분명히 보았다.

불신자들을 위해 기도하는 것은 지혜로운 태도이다. 기도를 당신의 믿음을 나누기 위한 사전 준비로 삼는 것도 지혜로운 태도이다. 어떻게 기도가 당신의 준비를 도울 수 있는가? 우선, 당신은 다음과 같은 것들을 위해 기도할 수 있다.

1. 기회

전도는 성화(聖化)의 한 과정이다. 하나님께서는 우리에게 그분과 더 깊은 관계로 들어오라고 요구하신다. 나는 잃어버린 자들을 위해 기도할 때 기적을 보도록 눈과 마음을 열어 달라고 간구한다. 나는 복된 소식을 들을 마음의 준비가 되어 있는 사람에게 예수님을 전하는 특권을 허락해 달라고 아침 큐티 시간마다 기도한다. 그래서 나는 "주님, 이 사람이 오늘 당신께서 제게 보내신 사람입니까?"라고 늘 물으면서 하루를 보낸다.

나는 이러한 과정을 통해 나의 마음을 더욱 열며 하나님의 뜻을 받아들일 수 있게 된다.

2. 사랑

고린도전서 13장 1절은 사랑에 대해 이렇게 말씀한다. "내가 사람의 방언과 천사의 말을 할지라도 사랑이 없으면 소리나는 구리와 울리는 꽹과리가 되고."

다른 사람들에 대한 사랑이 식을 때 믿음을 나누기는 어렵다. 우리는 이런 이유 때문에 다른 사람들을 향한 하나님의 사랑을 주시며 우리가 그들의 상처와 아픔을 보고 외침에 귀를 기울이게 해 달라고 기도해야 한다. 이러한 기도를 통해 우리는 잃어버린 자들을 향한 하나님의 마음을 이해할 수 있을 것이다. 이렇게 할 때 우리는 의무감이 아니라 사랑으로 그리스도를 나눌 수 있다. 사랑이 모든 변화의 원천임을 기억하자.

에베소서 3장 17~19절은 이렇게 말씀한다. "믿음으로 말미암아 그리스도께서 너희 마음에 계시게 하옵시고 너희가 사랑 가운데서 뿌리가 박히고 터가 굳어져서 능히 모든 성도와 함께 지식에 넘치는 그리스도의 사랑을 알고 그 너비와 길이와 높이와 깊이가 어떠함을 깨달아 하나님의 모든 충만하신 것으로 너희에게 충만하게 하시기를 구하노라."

하나님의 눈을 통해 보고 다른 사람들을 사랑할 때 우리는 어둠 속에 있는 그들을 보게 될 것이다. 미 연방 수사국 FBI에 따르면 미국에서만

- 살인 사건이 21분에 한 건
- 강간 사건이 5분에 한 건
- 강도 사건이 46초에 한 건
- 폭행 사건이 29초에 한 건씩 발생한다.

우리가 다른 사람들을 사랑하면, 어둠에 갇힌 그들은 더 이상 통계숫자가 아니라 그리스도께서 자신의 목숨까지 내어주시며 사랑한 사람들이 된다. 그들의 유일한 희망은 예수 그리스도와의 거듭난 관계뿐이라는 것을 우리는 안다. 우리는 그들이 이것을 깨닫게 해 달라고 기도한다.

3. 사람들이 당신에게서 그리스도를 볼 것이다

우리는 사람들이 우리에게서 그리스도를 볼 수 있도록 쉬지 않고 온 마음으로 기도해야 한다. 우리는 하나님께서 다른 사람들을 당신에게로 이끄시기 위한 영적 자석으로 우리를 사용하시길 원한다.

이러한 일은 우리의 기도를 통한 그분과의 관계 속에서만 일어날 수 있다. 그분과의 관계 속에서 우리의 눈은 빛을 내며 마음의 기쁨을 드러낼 것이다. 나는 하나님께서 당신의 친구들과 가족이 당신의 기쁨을 선망하고 원하게 하시길 기도한다.

4. 담대함

우리는 사도들처럼 하나님께 담대함을 구해야 한다. 그리스도께서 부활하고 승천하신 후 어느 날, 사도들은 성전에서 복음을 전했다는 이유로 체포되었다. 회당의 관원들은 사도들을 위협하고 나서야 감옥에서 풀어 주었다. 그들의 위협에 사도들은 어떻게 반응했는가? 그들은 기도로 반응했다. 다락방에 모여 다음과 같이 기도했다. "주여 이제도 그들의 위협함을 굽어보시옵고 또 종들로 하여금 담대히 하나님의 말씀을 전하게 하여 주시오며… 빌기를 다하매 모인 곳이 진동하더니 무리가 다 성령이 충만하여 담대히 하나님의 말씀을 전하니라"(행 4:29, 31). 그들은 기도의 응답을 받아 담대해졌다.

5. 능력

당신 안에 있는 하나님의 능력을 깨닫고 인정하게 해 달라고 기도하라. 에베소서 1장 18, 19절은 이렇게 말씀한다. "너희 마음 눈을 밝히사… 우리에게 베푸신 능력의 지극히 크심이 어떠한 것을 너희로 알게 하시기를 구하노라." 우리는 주님과 그분의 능력 가운데서 강해져야 한다. 우리 안에는 예수님을 죽은 자 가운데서 일으킨 바로 그 부활의 능력이 있다. 우리에게는 부족함이 전혀 없다. 우리는 기도를 통해 "주 안에서와 그 힘의 능력으로 강건하여"질 수 있다(엡 6:10).

잃어버린 자들을 위해 기도하는 법

하나님께서는 잃어버린 자들을 위해 드리는 우리의 기도에 응답하시는가? 빅 얼(Big Earl)에게 물어보라. 그는 26년을 감옥에서 보냈으나 아직 20년의 형기를 더 채워야 했다. 어느 날 밤에 동료 죄수 토니와 던이 그에게 복음을 전했다. 빅 얼은 즉각 반응했다. 그는 던의 얼굴에 강펀치를 날렸으며 이를 두 개나 부러뜨렸다. 던은 일어나서 부러진 이를 뱉고 나서 이렇게 말했다. "원한다면 나를 얼마든지 쳐도 좋네. 하지만 자네를 위한 나의 기도는 절대로 그치지 않을 걸세."

그날 밤 자신의 감방으로 돌아간 빅 얼은 성령의 음성을 들었다. "네 누이가 25년 동안 너를 위해 기도하고 있다. 지금 놓치면 다시는 기회가 없을 것이다."

그 음성이 얼마나 또렷했던지 빅 얼은 누군가 감방에 스피커를 숨겨둔 줄 알고 침대 밑과 변기통 뒤를 뒤졌다. 그러나 하나님의 성령께서 마음을 꿰뚫으시자 빅 얼은 자신의 죄를 깨닫고 침대에 엎드렸다. 다음 날 아침에 토니와 던은 그의 감방을 지나다가 190cm의 거구가 베개에 말 그대로 흥건하게 고인 눈물을 짜내면서 일어나는 것을 보았다. 하나님께서 빅 얼의 누이의 기도에 역사하셨던 것이다.

시편 2편 8절은 이렇게 말씀한다. "내게 구하라 내가 이방 나라를 네 유업으로 주리니 네 소유가 땅 끝까지 이르리로다."

우리가 다른 사람들의 구원을 위해 기도하는 것은 그들이 구원받을 자격이 있다고 생각하기 때문이 아니라 그리스도의 사랑과 능력과 지식과 자비를 믿기 때문이다. 우리는 모든 사람이 그리스도를 주님으로 영접하기를 하나님께서 원하신다는 사실을 알기 때문에 기도한다. 그리고 예수님께 더 많은 일꾼을 추수 현장으로 보내 달라고 간구한다.

나의 기도 생활은 나의 친구 캐슬린 G. 그랜트(Kathleen G. Grant)가 자비로 출판한 『The Key to His Kingdom: Praying in the

Word of God』(하나님 나라의 열쇠: 하나님의 말씀 안에서 기도하기)를 읽은 뒤에 혁신적으로 변했다. 캐슬린은 하나님의 말씀을 통해 하나님의 뜻을 기도하는 놀라운 원리를 가르친다.

그녀는 요한복음 15장 7절 말씀에 주목한다. "너희가 내 안에 거하고 내 말이 너희 안에 거하면 무엇이든지 원하는 대로 구하라 그리하면 이루리라."

기도란 하나님과의 대화인데, 먼저 말씀을 통해 그분에게 듣고 그 다음에 말씀을 통해 그분에게 반응하는 것이라고 그녀는 설명한다. 그리고 다음과 같이 말한다. "기도보다 앞서가는 것은 사실 성령을 호흡하지 않은 채 활력을 얻고 열매를 맺으려고 하나님의 뜻을 행하려는 것과 같다. 성령 없이 행하면 그 무엇도 성취할 수 없다."

캐슬린의 책『The Key to His Kingdom: Praying in the Word of God』에서 인용했다.[2] 다음의 한 주 분량의 성경 구절과 기도는 당신이 잃어버린 자들을 위해 기도하는 데 도움을 줄 것이다.

주의: 먼저 성경 구절을 읽고 난 후, 그 다음에 말씀대로 하나님께 기도하라.

첫째 날   디도서 3:5

"우리를 구원하시되 우리가 행한 바 의로운 행위로 말미암지 아니하고 오직 그의 긍휼하심을 따라 중생의 씻음과 성령의 새롭게 하심으로 하셨나니."

하늘에 계신 아버지여,
  당신의 긍휼로 우리를 구원하셨듯이 우리가 사랑하는 사람들도 구원하여 주소서. 이미 성도가 되었음에도 독선적인 우리를 용서하여 주소서. 우리는 한때 잃어버린 자들과 같았으나 우리의 의가 아니라 오직 당신의 긍휼하심으로 구원받았습니다.
  아멘.

둘째 날   베드로전서 3:18

"그리스도께서도 단번에 죄를 위하여 죽으사 의인으로서 불의한 자를 대신하셨으니 이는 우리를 하나님 앞으로 인도하려 하심이라…"

하늘에 계신 아버지여,
  그리스도께서는 모든 죄를 지고 죽으셨습니다. 그 까닭에 구하옵나니 다음과 같은 사람들도 우리처럼 당신에게 인도받도록 그리스도의 공로를 이들에게 적용하여 주소서(당신이 구원받기 원하는 사람들의 이름을 열거하라).
  존귀하신 예수 그리스도의 이름으로 기도합니다.
  아멘.

셋째 날   요한일서 2:2

"그는 우리 죄를 위한 화목 제물이니 우리만 위할 뿐 아니요 온 세상의 죄를 위하심이라."

하늘에 계신 아버지여,
아버지께서는 그리스도를 세상 죄를 대속하는 희생 제물로 주셨습니다. 그 까닭에 우리는 그분이 드린 제사를 이 땅의 모든 민족에 적용하면서 많은 나라의 각 사람이 우리처럼 그리스도를 믿게 되길 기도합니다. 우리는 한 가지 사실, 즉 예수님이 이미 모든 것을 이루셨다는 것을 알고 있습니다. 그분은 충분한 값을 지불하셨습니다. 이제 그 효과를 증명하여 주소서!
예수님의 이름으로 기도합니다.
아멘.

넷째 날   사도행전 2:21

"누구든지 주의 이름을 부르는 자는 구원을 받으리라…"

자비로운 아버지여,
모든 죄인이 당신 아들의 이름을 부르기만 하면 되게 하셨으니 당신은 참으로 은혜로우십니다. 이것은 당신의 아들이 모두를 위해 값을 지불하셨기 때문입니다. 죄인들이 그분의 이름을 부를 수 있게 하소서. 성도들을 보내어 그분의 이름을 말하게 하소서. 듣지 못한 자들이 어떻게 그분의 이름을 부를 수 있겠습니까?
예수님의 이름으로 기도합니다.
아멘.

다섯째 날 고린도후서 4:4

"그 중에 이 세상의 신이 믿지 아니하는 자들의 마음을 혼미하게 하여 그리스도의 영광의 복음의 광채가 비치지 못하게 함이니 그리스도는 하나님의 형상이니라."

하늘에 계신 아버지여,

우리가 믿기 전에 우리에게 자비를 베푸셨듯이 믿지 않는 자들에게 자비를 베푸소서. 우리도 한때는 마귀로 인해 눈이 멀었던 자들입니다. 그러나 당신께서 자비를 베푸사 우리 마음의 눈을 밝혀 우리가 그리스도를 믿고 구원받을 수 있게 하셨습니다. 도처의 불신자들에게도 같은 은혜를 베풀어 주소서.

당신 아들의 영광을 위해 기도합니다.

아멘.

여섯째 날 골로새서 4:3~6

"또한 우리를 위하여 기도하되 하나님이 전도할 문을 우리에게 열어 주사 그리스도의 비밀을 말하게 하시기를 구하라 내가 이 일 때문에 매임을 당하였노라 그리하면 내가 마땅히 할 말로써 이 비밀을 나타내리라 외인에게 대해서는 지혜로 행하여 세월을 아끼라 너희 말을 항상 은혜 가운데서 소금으로 맛을 냄과 같이 하라. 그리하면 각 사람에게 마땅히 대답할 것을 알리라."

하늘에 계신 아버지여,

우리의 기도를 들으사 우리가 누군가에게 복음을 전할 수 있도록 전도의 문을 열어 주소서. 또한 평신도든 목회자든 선교사든 세상 곳

곳에서 전도자의 일을 하고 있는 사람들을 위해 기도합니다. 모든 지역, 모든 나라에 복음의 메시지가 전파될 수 있도록 문을 열어 주소서. 그리스도의 메시지를 선포하는 모든 사람이 가능한 한 분명히 선포할 수 있게 하소서. 이 부분에 대하여 매우 분명하게 다루며 당신의 뜻을 놀랍게 이루는 윌리엄 페이의 『담대하게 전하라』(Share Jesus without Fear)를 우리에게 주시니 감사합니다! 이 방법이 세상의 다른 모든 그리스도인들에게도 알려지게 하소서. 또한 우리가 불신자들에게 지혜롭게 행하며 모든 기회를 최대한 활용해야 한다는 것도 상기시켜 주소서. 우리의 대화가 은혜로 가득하며 소금의 맛을 내게 하소서.

하나님의 뜻에 따라 기도합니다.

아멘.

일곱째 날   요한복음 16:24

"지금까지는 너희가 내 이름으로 아무것도 구하지 아니하였으나 구하라 그리하면 받으리니 너희 기쁨이 충만하리라."

하늘에 계신 아버지여,

비할 데 없는 당신 아들의 이름으로 구하오니 잃어버린 자들의 구원을 위해 간구하는 우리의 기도에 응답하소서. 가장 큰 기업을 그리스도께 주심으로써 우리의 기쁨이 완전하게 하소서!

모든 이름 위에 뛰어나신 이름으로 기도합니다.

아멘.

캐슬린의 책에는 당신이 기도의 여정에서 반복할 수 있는 다른 성경 구절들도 많지만 여기에 인용된 구절들은 기도를 시작하는 데 도움을 줄 것이다. 이 구절들과 그 밖의 의미 있는 구절들을 당신의 말로 기도하길 바란다.

기도 대상자 명단

당신이 기도해 줄 수 있는 불신자들의 명단을 작성하는 것도 도움이 될 것이다. 캐슬린이 언급하듯이 "겁내지 말고 누구의 이름이든 적어라!" 친구, 가족, 직장 동료, 정치가, 정부 관리, 영화나 텔레비전 스타, 의사, 간호사, 비서, 안내원, 점원, 미용사, 이웃 등 당신이 알고 있는 그 누구라도 좋다. 명단이 너무 길면, 한 주 동안 돌아가며 기도할 수 있도록 명단을 나눠도 좋을 것이다.

나는 캐슬린의 기도 대상자 명단를 보면서 넋을 잃었다. 그녀의 명부에는 영화 스타에서부터 거리의 부랑자들에 이르기까지 많은 사람의 이름이 빼곡히 적혀 있었다. 그녀가 베를린 장벽의 붕괴를 위한 기도를 시작했던 날짜도 확인할 수 있었다. 또한 나의 이름과, 내가 그리스도인이 되게 하기 위해 그녀가 기도하기 시작한 날짜를 알게 되었을 때 나는 그녀의 사역에 경외심을 느꼈다. 그것은 중보 기도의 중요성을 보여 주는 아주 좋은 예이다. 나의 이름이 그녀의 기도 일지에 있었던 게 우연의 일치였는가? 다음과 같이 설명할 수 있다.

즉 우리가 기도하면 기도할수록 더 많은 '우연의 일치'가 일어난다. 실제로 하나님께서는 빌립보서 4장 6, 7절에서 이렇게 말씀하신다. "아무것도 염려하지 말고 다만 모든 일에 기도와 간구로, 너희 구할 것을 감사함으로 하나님께 아뢰라 그리하면 모든 지각에 뛰어난 하나님의 평강이 그리스도 예수 안에서 너희 마음과 생각을 지키시리라."

불신자들을 위한 기도에 응답하시는 하나님께 감사한다. 내가 그것의 산 증인이다.

제11장
지금 당신의 소중한 소명에 순종하라

어떤 사람이 한 친구에게 모든 기회를 활용할 수 있도록 준비하라고 말했다. 당신이 준비함으로써 언제 누구의 생명을 구할지는 알 수 없다. 그러나 이러한 조언이 빛을 발한 것은 내 친구가 어느 레스토랑에서 저녁을 먹고 있을 때였다. 그때의 상황은 다음과 같다.

한 남자가 갑자기 식탁의 유리잔 하나를 바닥에 떨어뜨리며 자리에서 일어났다. 그의 얼굴은 벌겋게 되었고 눈은 부어올랐다. 스테이크 한 조각이 목에 걸려 순간적으로 숨을 쉴 수 없었던 것이다. 나는 누군가 그에게 달려가 하임리크 구명법을 실시하길 바라면서 주변을 둘러보았다. 그러나 모두들 난감한 표정을 지을 뿐 아무도 나서지 않았다. 나는 의자에서 일어나 그에게로 달려갔다. 내가 그의 허리를 뒤에서 감싸고 두 팔에 힘을 주자 고기 덩어리가 그의 목에서 튀어 나왔고, 그제서야 반갑기 그지없소리가 들렸다.

나중에 여러 사람이 나의 자리로 와서 내가 도와준 것에 대해 감사를 표했다. 한 신사는 이렇게 말했다. "선생께서 처치법을 알고 계셔서 얼마나 감사한지 모르겠습니다. 그런 것을 어디서 배울 수 있는지 가르쳐 주시겠습니까? 저도 만약의 경우에 대비하고 싶습니다."

급체를 했던 남자의 부인이 다음과 같은 글을 카운터에 남겼다. "감사합니다. 남편이 선생님께 감사를 표하고 싶었지만 당황한 데다 너무 기운이 없어서 아무 말도 못했다고 합니다. 선생님이 두려워하지 않고 저희를 도와주신 데 대해 다시 한 번 감사드립니다."

그러나 가장 두려웠던 사람은 바로 나였다. 내가 다른 사람들과 달랐던 것은 두려움이 없었기 때문이 아니라 준비되어 있었기 때문이었다. 이러한 경험을 통해서 내가 생명의 위기에 처한 사람의 유일한 희망일 수도 있음을 깨달았다.

하임리크 구명법을 알면 누군가의 육체적 생명을 구할 수 있듯이, 담대하게 예수님을 전하는 법을 알면 누군가의 영원한 생명을 구원하는 데 도움이 된다. 당신은 당신이 언제 필요하게 될지 전혀 알지 못한다.

예를 들면 언젠가 나의 은행 계좌의 출금 사항이 잘못된 적이 있었다. 그래서 나는 은행으로 갔다. 크리스타라는 아가씨가 문제 해결을 도와주었다. 내가 은행을 나서려는데 크리스타가 이렇게 말했다. "윌리엄 선생님, 오늘이 마지막 근무예요."

"정말이십니까?" 내가 물었다. "마지막이라니 서운합니다. 단지 아가씨가 제 문제를 해결해 주어서가 아닙니다. 아가씨가 친절한 사람이라서 그럽니다."

나는 여기서 끝낼 수도 있었다. 어깨 너머로 "크리스타, 잘 살아요. 행운을 빌어요!"라고 인사하면서 문을 나서는 게 더 쉬웠을 것이다.

그러나 이 기회에 나는 나의 믿음을 나누기로 결심했다. 그래서 나는 대화를 시작하기 위한 질문을 했다. "크리스타, 궁금한 게 있는데, 혹시 교회에 다니십니까?"

"전에 친구랑 다닌 적이 있습니다."

"혹시 종교와 예수 그리스도와의 관계의 차이점에 대해 들어본 적이 있나요?"

"아니오. 차이점이 무엇인가요?"

내가 말했다. "당신만 괜찮다면, 좀 더 자세히 말해 줄게요."

나는 그녀와 마주 앉아 전도 성경을 꺼내 펼쳐 놓고 그녀에게 몇몇 구절을 소리 내어 읽어 보라고 했다. 그 순간 성령께서 역사하셨고 크리스타는 눈물을 흘리기 시작했다. 내가 물었다. "크리스타, 예수 그리스도께 '예'라고 대답할 준비가 됐나요?"

그녀는 "예"라고 대답하고 그 자리에서 그리스도께 자신을 드렸다.

여기서 당신에게 묻고 싶다. 만일 내가 크리스타와 나의 믿음을 나누길 주저했다면 어떻게 됐겠는가? 내가 기회를 놓쳐버렸다면 어떻게 됐겠는가? 내가 은행의 잘못에만 정신을 쏟은 채 크리스타에게 무례하고 쌀쌀맞게 대했다면 어떻게 됐겠는가?

무엇보다도 우리는 이웃을 사랑하라는 그리스도의 명령에 순종해야 한다. 우리는 이웃에게 정중하게 말해야 한다. 골로새서 4장 6절은 이렇게 말씀한다. "너희 말을 항상 은혜 가운데서 소금으로 맛을 냄과 같이 하라 그리하면 각 사람에게 마땅히 대답할 것을 알리라."

우리는 이웃을 사랑하는 마음으로 살 때 하나님께서 우리 앞에 두신 기회를 활용할 수 있게 될 것이다.

땅을 가는 순종

나의 형제, 자매들은 하나님께서 역사하여 개인과 가족, 공동체, 국가를 변화시키시는 부흥이 일어나기를 바란다고 종종 내게 말한다. 그런데 나는 다음과 같은 점이 궁금하다. 우리는 하나님께서 먼저 역사하시길 기대하지는 않는가? 농부가 땅을 갈고 씨를 뿌리지도 않고서 수확이 없다고 하나님을 원망할 수 있을까?

우리는 게으른 농부와 같지 않은가? 우리 모두는 부흥을 원할 것이다. 그러나 우리 마음속의 불순종의 밭을 갈아엎지 않는다면 부흥은 일어나지 않는다. 우리가 예수 그리스도의 복음의 씨를 뿌리지 않는다면 부흥은 일어나지 않을 것이다.

우리는 반응해야 한다. 당신과 사이가 좋지 않은 사람과 당신의 믿음을 마지막으로 나눈 것은 언제인가? 어떤 사람이 예수 그리스도께 나오게 하기 위해 울면서 기도한 적은 언제인가? 주님을 알지 못하는 가족에게 마지막으로 카드를 보낸 것은 언제인가? 심판 날에 먼저 하나님의 심판대 앞에 서는 자들은 거짓말쟁이나 살인자, 동성애자, 간음한 자가 아니라 믿음의 가족일 것이다. 그리스도를 거부한 사람들은 성도들의 순서가 끝날 때까지 기다려야 한다. 우리는 그들이 지켜보는 가운데 하나님의 눈을 보면서 우리의 모든 행동—한 행동과 하지 않은 행동—과, 모든 말—한 말과 하지 않은 말—을 설명해야 할 것이다(마 12:36). "너희는 가서 모든 민족을 제자로 삼아 아버지와 아들과 성령의 이름으로 세례를 주라"(마 28:19)는 지상 명령에 순종하지 못했다면, 우리는 당혹스럽고 부끄럽지 않겠는가?

우리는 우리가 드리지 않은 기도, 하지 않은 희생, 흘리지 않은 눈물 때문에 슬퍼하고 있지는 않은가? 하나님 앞에서 유죄 선고를 받은 친구들과 가족의 얼굴을 볼 때 어떤 기분이 들겠는가? 하나님께서 우리에게 순종하라고 강요하시지는 않을 것이다. 강요는 하나님의 방법이 아니기 때문이다. 사랑은 결코 그 무엇도 강요하지 않는다. 그러나 우리가 지상 명령을 무시하는 쪽을 선택하여 불순종할 때, 하나님께서는 우리로 하여금 영적 메마름을 경험하게 하실 것이다.

나는 여러 교회를 다니면서 사람들의 믿음이 점점 약해지고 그들의 마음이 점점 강퍅해지는 것을 보았다. 왜 그런가? 사람들이 하나님의 기쁨을 경험하지 못하는 것은 자신의 믿음을 나누지 않기 때문이다. 앞에서 보았듯이, 빌레몬서 1장 6절은 이렇게 말씀한다. "믿음을 통한 우리의 교제가 힘이 되어서 그리스도를 믿음으로 말미암아 얻는 우리의 축복이 얼마나 큰지 알게 되기를 나는 빕니다"(공동번역).

나는 하나님께서 우리를 훈련시키시며 우리의 관심을 끌 것이라고 믿는다. 우리가 무릎을 꿇지 않으면 우리는 잊혀질 것이다. 하나님께서 우리의 삶에 두신 사람들과 우리의 믿음을 나누지 않을 때, 그분은 우리에게 침묵의 죄에 대한 책임을 물으실 것이다.

바로 지금이다

우리는 믿음을 나눌 때 결코 실패할 수 없다는 사실을 깨달았다. 그러므로 이제 당신은 순종의 단계로 나아갈 준비가 되었다. 눈물을 흘리며 나를 찾아왔던 많은 사람처럼 되지 말라. 많은 사람이 친구와 믿음을 나누라는 하나님의 부드러운 권고를 느꼈지만 거부했다고 한다. 한 여성은 "저는 하나님께서 병원에 입원한 친구, 리와 믿음을 나누라고 권고하고 계신다는 것을 알았습니다. 그러나 바빴던 저는 리의 건강이 좋아졌다는 말을 듣고 그 권고를 무시해버렸습니다. 시간은 얼마든지 있다고 생각했습니다. 그런데 뜻밖에도 리는 2주 후에 죽고 말았습니다"라고 증언했다.

그녀는 고개를 숙이며 후회했다. "제가 미루지만 않았어도…"

사람들은 나에게 이런 이야기를 하면서 눈물을 흘린다. 그들은 묻는다. "하나님께서 저를 용서하실까요?"

그들은 침묵의 죄에 대하여 부끄러워한다. 하나님께서 자신을 복음의 사자로 사용하시길 원했으나 자신이 미루었다는 사실을 깨닫는 것이다. 그러나 너무 늦었다.

누구에게나 내일이 있다고 말할 수 없다. 우리에게 내일이 있을지 알 수 없는 일이다. 우리가 어제 한 일들은 이미 지나갔다. 중요한 것은 하나님께서 오늘 우리에게 주신 순간을 놓치지 않는 것이다.

오직 중요한 것은 오늘 우리가 선택하는 것과, 우리가 예수 그리스도를 위해 사는 순간이다. 나는 하나님 앞에 섰을 때 "윌리엄, 왜 세상에 있을 때 아무개에게 내 아들 예수 그리스도를 전하길 부끄러워했느냐?"라는 꾸중을 듣고 싶지 않다.

나는 많은 일로 인해 하나님 앞에 설 테지만 이것 때문에 서지는 않게 되기를 기도한다. 나는 로마서 1장 16절을 말하는 바울처럼 굳건히 서고 싶다. "내가 복음을 부끄러워하지 아니하노니 이 복음은 모든 믿는 자에게 구원을 주시는 하나님의 능력이 됨이라 먼저는 유대인에게요 그리고 헬라인에게로다."

책임을 느끼는가?

그리스도인들이 잘못 이해하고 있는 것이 하나 있다. 사람들은 자신이 친구나 친지, 혹은 다른 누군가에 대해 큰 책임을 느낀다는 말을 종종 한다.

하나님께서 그들을 이끄시는 그 순간은 집에 돌아가 기도해야 할 때가 아니라는 것을 알아야 한다. 그 순간은 즉시 반응해야 할 때이다. 하나님께서는 세상이 시작되기 전에 이미 그 순간을 준비해 놓으셨다. 하나님께서 당신이 기다리길 원하셨다면 그 생각을 내일 주셨을 것이다. 하나님께서 당신이 그 일을 어제 하길 원하셨다면 그 생각을 그저께 주셨을 것이다. 그러나 하나님께서 수잔이나 존을 당신의 마음에 주신다면, 그분은 바로 지금을 염두에 두신 것이다.

리 스트로벨(Lee Strobel)은 『Inside the Mind of Unchurched Harry and Marry』에서 이렇게 말한다. "거의 매일, 우리는 전도의 전환점에 이른다. 우리는 사람들이 위험에서 벗어나도록 도울 것인가 아니면 그냥 지나칠 것인가를 선택한다. 우리는 그들의 삶에 용감하게 뛰어들어 그들을 영적 안전지대로 인도할 것인가, 아니면 다른 사람이 그 일을 하기를 바라기만 할 것인가를 때마다 결정한다… 우리는 그저 안전한 대화를 즐길 것인가, 아니면 대화를 영적 주제로 옮겨 갈 것인가를 매 순간 결정한다."[1]

뒤로 물러나서는 안 된다. 다른 사람들의 영적인 삶에 과감히 뛰어

들어 그리스도께로 향하는 길을 가르쳐 주어야 한다.

당신의 고귀한 소명에 순종하라

다시 말하지만, 당신의 책임은 상대방을 회심시키는 것이 아니다. 당신의 책임은 지상 명령이라는 고귀한 소명에 순종하는 것이다. 기억하라. 성공이란 당신의 믿음을 나누며 예수 그리스도를 위해 사는 것을 의미한다. 누군가 말했듯이, 성공은 사람들을 주님께로 인도하는 것이 아니다. "하나님께서는 결코 우리에게 성공하라고 요구하지 않으신다. 충성하라고 하신다." 당신의 믿음을 나누는 일에 순종할 때 빌레몬서 1장 6절 말씀이 역사하며, 따라서 당신이 살아가는 그리스도인의 삶은 결코 무기력하지 않을 것이다.

전도는 당신이 믿음을 나누는 사람들과만 관계 있는 것이 아니다. 당신이 거부하더라도 하나님께서는 돌들로 외치게 하실 수 있기 때문이다. 전도란 하나님을 경험하는 것과 관계 있다. 당신이 순종하기로 선택할 때 하나님께서는 당신의 삶을 늘 새롭고 흥미진진한 여정으로 인도하실 것이다.

나는 1981년에 주님을 만난 이후 2만 5,000명의 사람들과 일대일로 나의 믿음을 나누는 특권을 누렸다. 확신하건대 내가 예수 그리스도께 인도한 사람은 한 명도 없다. 그럼에도 나는 내가 믿음을 나눈 사람들의 삶을 성령께서 변화시키는 것을 늘 목격해 왔기 때문에 흥분된다.

앞부분에서 세상에는 다음과 같이 두 종류의 그리스도인밖에 없다고 한 것을 기억하라.

1. 잃어버린 자들에 대해 이야기하는 사람
2. 잃어버린 자들에게 이야기하는 사람

지금은 순종하고 그리스도인의 풍성한 삶을 맛볼 때이다. 지금은 잃어버린 자들에게 말하는 그리스도인, 자기 자신에 대해서는 죽는 그리스도인, 결코 복음을 부끄러워하지 않는 그리스도인이 되어야 할 때이다. 지금은 진정한 변화를 낳는 그리스도인이 되어야 할 때이다. 오늘 누군가에게 다섯 개의 전도 질문 가운데 하나를 던짐으로써 시작할 수 있다. 그러나 단지 질문을 던지는 데에만 그치지 말고 순종을 선택해야 한다. 순종하기로 하면 사람들은 주님의 관계가 끝없이 깊어짐을 느끼고, 거기서 특별한 기쁨을 경험한다. 지금은 담대하게 예수님을 전해야 할 때이다. 하나님께서는 당신이 그분의 기쁨을 맛보길 원하신다. 그러므로 준비하라. 지금은 시작해야 할 때이다!

부 록

전도시 부딪히는 36가지 반론과 답변

〈부록 1〉 예수님 나누기 • 213
〈부록 2〉 성경 나누기 • 219
〈부록 3〉 36가지 반론과 그에 대한 답변 • 221
〈부록 4〉 과제 • 258
〈부록 5〉 윌리엄 페이의 간증 • 260
주 • 271

부록 1

예수님 나누기

대화를 시작하기 위한 질문

1. 질문 하나 해도 될까요?
2. 요즘 여성들에게 있어서 가장 큰 문제는 무엇입니까?
3. 당신이 가장 좋아하는 스포츠는 무엇입니까? 한 사람의 삶이 완전해지려면 얼마나 많은 돈이 있어야 할까요?
4. 교회에 다니십니까?
5. 다섯 가지 질문에 답해 주실 수 있겠습니까?
6. 당신은 저의 신앙을 알겠지만 저는 당신의 신앙을 모릅니다. 혹시 신앙을 갖고 계십니까?
7. 삶의 소망을 위해 당신이 영적으로 의지하고 있는 것이 불확실하다고 느낀 적이 있나요?
8. 혹시 종교와, 예수 그리스도와의 관계의 차이점에 대해 들어 보셨나요?

9. 제 삶을 바꿔 놓은 일곱 개의 성경 구절을 당신에게 소개하고 싶은데 허락해 주시겠습니까?
10. 한 사람이 동전을 한 개씩 던져 연속해서 30번 모두 앞면이 나오려면 사람이 몇 명 필요할까요? (수십 억 명이 필요합니다) 제가 성경이 진리라고 믿는 것은 예수님의 탄생과 죽음, 부활에 관한 30개의 예언이 모두 이루어졌기 때문입니다. 이것은 동전이 30회 연속으로 앞면이 나올 확률과 같습니다.
11. 당신에게 진리는 중요한 것입니까?
12. 누군가 당신에게 기독교를 설명해 준 적이 있나요?
13. 당신에게 용서를 구하고 싶습니다. 제 삶에서 가장 중요한 것을 당신에게 말해 주지 못했거든요. 어떻게 하면 당신이 예수 그리스도와 개인적인 관계를 맺을 수 있는지 알려 주지 못했습니다. 정말 죄송합니다.
14. 알다시피, 저도 문제가 많았지만 제 고통을 해결하는 방법을 찾았습니다.

다섯 가지 전도 질문

이 질문들은 깔때기의 역할을 한다. 당신은 마음이 끌리는 대로 어느 질문이든 먼저 시작할 수 있다. 또는 이 질문들을 생략한 채 전도 구절로 바로 넘어갈 수도 있다.

1. 신앙(종교)을 갖고 계신가요?
2. 당신에게 예수 그리스도는 누구신가요?

3. 천국과 지옥을 믿습니까?
4. 당신이 죽으면 어디로 갈까요? 만약 천국에 간다면 그 이유는 무엇일까요?
5. 당신이 믿는 것이 진리인지 아닌지 알고 싶습니까?

주의: 당신은 이 시점에서 이렇게 물을 수도 있다. "몇 가지 성경 구절들을 나눠도 될까요?" 상대방이 "예"라고 대답한다면 다음의 성경 구절들을 제시하라. 상대방이 "아니오"라고 대답한다면 아무것도 하지 말라. 그러나 당신은 실패한 게 아니라는 사실을 기억하라. 당신은 복음을 나누는 일에 순종했으며 그 결과는 하나님의 몫이다.

전도 구절

주의: 상대방이 다음 구절들을 소리 내어 읽게 하라. 그 다음에 이렇게 물어보라. "성경이 뭐라고 말씀하나요?" 상대방이 틀린 대답을 하면 "다시 읽어 보시겠어요" 하고 말하라. 상대방이 성경 구절을 이해할 때까지 이 과정을 반복하라.

1. 로마서 3:23 – "모든 사람이 죄를 범하였으매"
"모든 사람이 죄를 범하였으매 하나님의 영광에 이르지 못하더니."
성경이 뭐라고 말씀하나요?

2. 로마서 6:23 – "죄의 삯은 사망이요"
"죄의 삯은 사망이요 하나님의 은사는 그리스도 예수 우리 주 안에 있는 영생이니라."
성경이 뭐라고 말씀하나요?

3. 요한복음 3:3 - "거듭나지 아니하면"
"예수께서 대답하여 이르시되 진실로 진실로 네게 이르노니 사람이 거듭나지 아니하면 하나님 나라를 볼 수 없느니라."
왜 예수님이 죽으러 오셨나요?

4. 요한복음 14:6 - "내가 곧 길이요"
"예수께서 이르시되 내가 곧 길이요 진리요 생명이니 나로 말미암지 않고는 아버지께로 올 자가 없느니라."
성경이 뭐라고 말씀하나요?

5. 로마서 10:9~11 - "네가…시인하면…"
"네가 만일 네 입으로 예수를 주로 시인하며 또 하나님께서 그를 죽은 자 가운데서 살리신 것을 네 마음에 믿으면 구원을 받으리니 사람이 마음으로 믿어 의에 이르고 입으로 시인하여 구원에 이르느니라 성경에 이르되 누구든지 저를 믿는 자는 부끄러움을 당하지 아니하리라 하니"
성경이 뭐라고 말씀하나요?

6. 고린도후서 5:15 - "다시는 그들 자신을 위하여 살지 않고"
"그가 모든 사람을 대신하여 죽으심은 살아 있는 자들로 하여금 다시는 그들 자신을 위하여 살지 않고 오직 그들을 대신하여 죽었다가 다시 살아나신 이를 위하여 살게 하려 함이라."

성경이 뭐라고 말씀하나요?

7. 요한계시록 3:20 – "내가 문 밖에 서서 두드리노니"
"볼지어다 내가 문 밖에 서서 두드리노니 누구든지 내 음성을 듣고 문을 열면 내가 그에게로 들어가 그로 더불어 먹고 그는 나와 더불어 먹으리라."

성경이 뭐라고 말씀하나요?

다섯 가지 결단을 위한 질문

1. 당신은 죄인입니까?
2. 당신의 죄를 용서받길 원하십니까?
3. 예수님이 당신을 위해 십자가에서 돌아가시고 부활하신 사실을 믿습니까?
4. 당신의 삶을 예수 그리스도께 기꺼이 드리겠습니까?
5. 예수님을 당신의 삶과 마음에 맞아들일 준비가 되었습니까?

죄인의 기도

하늘에 계신 아버지, 저는 당신에게 죄를 지었습니다. 저의 모든 죄를 용서받길 원합니다. 예수님이 저를 위해 십자가에서 죽으시고 부활하신 것을 믿습니다. 아버지, 저의 삶을 당신께 드리니 당신이 원하시는 대로 사용하여 주소서. 예수 그리스도께서 저의 삶과 마음속에 들어오시길 원합니다. 예수님의 이름으로 기도합니다. 아멘."

'왜'의 원리

당　신: 당신의 삶과 마음에 예수님을 맞이할 준비가 되었습니까?
상대방: 아니오.
당　신: 왜죠?
상대방: 아직 준비가 안 됐습니다.
당　신: 왜죠?

새신자를 위한 질문과 인도

1. 그리스도께서 당신의 죄를 얼마나 사해 주셨나요?
2. 그리스도께서 당신의 죄를 얼마나 기억하시나요?
3. 그리스도께서 어디에 계시나요?
4. 기도합시다(새신자는 자신의 마음속에 있는 것을 말해야 한다).
5. 당신을 위해 기도하는 사람이 있나요?
6. 그 사람이 어느 교회에 다니는지 알고 있나요?
7. 그 사람의 전화번호를 아십니까? 그에게 전화하세요.
8. 저와 함께 교회에 가시겠어요?
9. 요한복음을 읽어 보세요.
10. 내일 전화할 테니 정말 말씀이 전과 다르게 보이는지 알려 주세요.

참고: 반론과 그에 대한 답변은 〈부록3〉에 제시되어 있다.

부록 2

성경 나누기

다음의 지시 사항에 겁먹지 말라. 이것들은 간단하며 따르기 쉽다. 색연필이나 형광펜을 들고 당신의 전도 성경에 다음과 같이 표시하라.

1. 성경 앞쪽에 로마서 3장 23절의 페이지**를 적어라.
2. 로마서 3장 23절을 색연필이나 형광펜으로 표시하라.
3. 위쪽 여백에 로마서 6장 23절의 페이지**를 적어라. 나는 보통 상대방과 마주 보고 앉아 상대방에게 성경을 펼쳐 보인다. 따라서 성경을 상대방 쪽으로 돌려놓고 위쪽 여백에(당신에게 가까운 쪽 여백에) 메모해 두라. 이렇게 함으로써, 상대방이 성경을 소리 내어 읽는 동안 당신은 '거꾸로 씌어진 메모'를 읽을 수 있다.
4. 로마서 6장 23절에 색연필이나 형광펜으로 표시를 하고 여백*에 요한복음 3장 3절의 페이지**를 적어라.
5. '죄'라는 단어에 동그라미를 쳐라.
6. '죽음'이라는 단어에 밑줄을 그어라.

7. '죽음'이라는 단어 위에 '지옥'이라고 써라.
8. '안에'라는 단어에 밑줄을 그어라.
9. 요한복음 3장 3절을 색연필이나 형광펜으로 표시하고 여백*에 요한복음 14장 6절의 페이지**를 적어라.
10. 요한복음 3장 3절 옆에 십자가 표시를 하라.
11. 요한복음 14장 6절을 색연필이나 형광펜으로 표시하고 여백*에 로마서 10장 9~11절의 페이지**를 적어라.
12. 로마서 10장 9~11절을 색연필이나 형광펜으로 표시하고 여백*에 고린도후서 5장 15절의 페이지**를 적어라.
13. 고린도후서 5장 15절을 색연필이나 형광펜으로 표시하고 여백*에 요한계시록 3장 20절의 페이지**를 적어라.
14. 요한계시록 3장 20절을 색연필이나 형광펜으로 표시하라.

참고: '전도 질문', '결단을 위한 질문', '이어지는 질문'을 성경 앞이나 뒤에 적어 놓아도 좋을 것이다.

* 성경을 180도 돌려서 당신에게 가까운 쪽 여백(성경 위쪽)에 메모를 해야 한다는 것을 잊지 말라.
** 페이지와 성경 장절을 모두 기록하거나 둘 중에 하나만 기록해도 된다.

부록3

36가지 반론과 그에 대한 답변

다음에 제시된 반론들에 대한 답변은 본 부록과 제8장에 제시되어 있다.

반론 목록

1. 그리스도인에게 상처를 받았어요.
2. 이단 종파가 해결책인가요?
3. 하나님도 저를 용서하지 못하실 겁니다.
4. 어떻게 사랑의 하나님께서 인간을 지옥에 보내실 수 있나요?
5. 성경이 진리인지 어떻게 알 수 있나요?
6. 저의 믿음이 충분한지 어떻게 아나요?
7. 그리스도인의 삶을 살 수 없어요.
8. 하나님을 믿지 않아요.
9. 부활이 있었다고 믿지 않아요.

10. 한번 생각해 볼게요.

11. 저는 착한 사람이에요.

12. 저는 다른 종교를 믿어요.

13. 제가 하나님인데요.

14. 저는 지금 너무 즐거워요.

15. 저는 유대인인데요.

16. 저는 죄인이 아니에요.

17. 저는 그렇게 착하지 못해요.

18. 아직 준비가 안 됐어요.

19. 구원받았다는 확신이 없어요.

20. 늘 하나님을 믿어 왔어요.

21. 나쁜 짓을 너무 많이 했어요.

22. 해봤지만 효과가 없었어요.

23. 저의 믿음은 개인적인 것이에요.

24. 주를 영접하면 친구들이 저를 미쳤다고 생각할 겁니다.

25. 논쟁이 그칠 날이 없어요.

26. 교회가 원하는 것은 저의 돈뿐이에요.

27. 하나님께 가는 길은 많아요.

28. 세상에는 종교가 많아요.

29. 성경 번역본의 종류가 많아요.

30. 성경에는 오류가 많아요.

31. 교회에는 위선자들이 너무 많아요.

32. 제 가족은 어떻게 되나요?

33. 복음을 들어 본 적이 없는 사람들은 어떻게 되나요?

34. 왜 하나님께서는 나쁜 일들이 일어나도록 허락하시나요?
35. 무엇이 진리인지 알 수 없잖아요.
36. 당신이 저보다 낫다고 생각하시는군요.

활용 방법

"제 가족은 어떻게 되나요?"라는 반론에 대답을 찾고 싶다고 하자.
    그러면 먼저 앞의 목록에서 "제 가족은 어떻게 되나요?"를 찾는다. 여기서 "제 가족은 어떻게 되나요?"라는 항목을 두 가지 방법으로 찾을 수 있다.

1. 256 페이지에서
2. 32번 항목에서

    주의: "제 가족은 어떻게 되나요?"에 대한 구체적인 설명과 이야기를 원한다면 8장을 보라. 이러한 반론/답변이 32번째 항목에 제시되어 있는 것을 볼 수 있다.

반론에 대한 답변

1. 그리스도인에게 상처를 받았어요
    당   신: • 그런 일이 있었다니 죄송합니다. 제가 그 사람을 대신해서 사과할 테니 받아 주시겠습니까?
                 • (적절하다면) 누군가를 사랑하려고 노력하다가 그 때문

에 상처를 받은 적이 있나요? 당신은 좋은 의도로 했는데 일이 제대로 되지 않았지요. 당신의 친구도 당신에게 예수님을 전해 주고 싶었는데 그 방법이 잘못되었다고 생각하지 않으세요?
- 예수님도 무례한 행동을 인정하지 않으실 겁니다. 그런데 당신은 예수님이 누구라고 생각하십니까?

2. 이단 종파가 해결책인가요?

당　신:
- 당신이 믿는 것이 진리가 아니라면, 진정한 진리를 알고 싶으세요?
- 예수님이 자신을 가리켜 하나님이라고 말씀하신 것이 흥미롭지 않나요? (다음의 성경 구절을 소리 내어 읽어라.)

읽　기:
- "나와 아버지는 하나이니라…"(요 10:30).

당　신: 글자 그대로 예수님과 아버지의 본질이 같다는 뜻입니다.

읽　기:
- "너희가 나를 알았더라면 내 아버지도 알았으리로다 이제부터는 너희가 그를 알았고 또 보았느니라"(요 14:7).
- "주 하나님이 이르시되 나는 알파와 오메가라 이제도 있고 전에도 있었고 장차 올 자요 전능한 자라 하시더라"(계 1:8).

당　신: 우리는 이것이 예수님이 요한계시록 1장 8절에서 하신 말씀이라는 것을 압니다. 그리고 요한계시록은 다음과 같은 말씀으로 끝납니다.

읽　기:
- "이것들을 증언하신 이가 이르시되 내가 진실로 속히 오리라 하시거늘 아멘 주 예수여 오시옵소서"(계 22:20).

읽　기: • "그는 보이지 아니하는 하나님의 형상이시요 모든 피조물보다 먼저 나신 이시니 만물이 그에게서 창조되되 하늘과 땅에서 보이는 것들과 보이지 않는 것들과 혹은 왕권들이나 주권들이나 통치자들이나 권세들이나 만물이 다 그로 말미암고 그를 위하여 창조되었고"(골 1:15, 16).
　　　　• "예수께서 이르시되 진실로 진실로 너희에게 이르노니 아브라함이 나기 전부터 내가 있느니라…"(요 8:58).
　　　　• "하나님이 모세에게 이르시되 나는 스스로 있는 자이니라 또 이르시되 너는 이스라엘 자손에게 이같이 이르기를 스스로 있는 자가 나를 너희에게 보내셨다 하라"(출 3:14).

당　신: 유대인들은 예수님이 "내가 있느니라"라고 말씀하시며 자신을 하나님이라고 가리키신다는 것을 알았기 때문에 그분을 돌로 치려 했습니다. 그분은 출애굽기 3장 14절에 나오는 하나님의 신성한 이름을 사용하셨습니다.

읽　기: • "유대인들이 이로 말미암아 더욱 예수를 죽이고자 하니 이는 안식일을 범할 뿐만 아니라 하나님을 자기의 친 아버지라 하여 자기를 하나님과 동등으로 삼으심이러라"(요 5:18).
　　　　• "도마가 대답하여 이르되 나의 주님이시요 나의 하나님이시니이다 예수께서 이르시되 너는 나를 본 고로 믿느냐 보지 못하고 믿는 자들은 복되도다 하시니라"(요 20:28, 29).

- "또 그가 맏아들을 이끌어 세상에 다시 들어오게 하실 때에 하나님의 모든 천사들은 그에게 경배할지어다 말씀하시며"(히 1:6).

당 신: 예수님이 죄를 지으신 적이 있나요?

읽 기: - "우리에게 있는 대제사장은 우리의 연약함을 동정하지 못하실 이가 아니요 모든 일에 우리와 똑같이 시험을 받으신 이로되 죄는 없으시니라"(히 4:15).

당 신: 생각해 보십시오. 하나님 외에 그 누가 죄를 사하실 수 있겠습니까? 만일 예수님이 하나님이 아니시라면, 어떻게 그분이 죄를 사하시며 또한 죄를 하나도 짓지 않으실 수 있겠습니까?

읽 기: - "침상에 누운 중풍병자를 사람들이 데리고 오거늘 예수께서 그들의 믿음을 보시고 중풍병자에게 이르시되 작은자야 안심하라 네 죄 사함을 받았느니라… 그러나 인자가 세상에서 죄를 사하는 권능이 있는 줄을 너희로 알게 하려 하노라 하시고 중풍병자에게 말씀하시되 일어나 네 침상을 가지고 집으로 가라 하시니 그가 일어나 집으로 돌아가거늘"(마 9:2~7).

당 신: 예수님이 하나님이 아니시라면 왜 다른 사람들이 자신을 예배하도록 허락하셨겠습니까?

읽 기: - "이르되 주여 내가 믿나이다 하고 절하는지라"(요 9:38).

당 신: 제 삶을 바꿔 놓은 성경 몇 구절을 함께 나눠도 될까요? (전도 구절을 제시하라) 그리스도께서 제 삶을 어떻게 바꿔 놓으셨는지 말씀드려도 될까요?

주의: 어떤 이들은 성자 하나님과 성부 하나님이 동일한 한 분이라는 사실을 이해하지 못한다. 그러할 경우에는 이렇게 하라.

당　신: 저는 한 사람의 아들이자 아이의 아버지입니다(당신을 잘 나타내는 표현, 무엇이라도 좋다). 비록 제가 아들과 아버지로서 다른 역할을 한다고 하더라도 저는 같은 사람입니다. 하나님은 성부 하나님이시자 성자 하나님이십니다. 그분은 여러 역할을 하시지만 동일한 한 분이십니다. 그분을 알고 싶습니까?

덧붙임: 예수님은 본인이 하나님이라고 말씀하셨다. 그분이 선하시며 결코 죄를 짓지 않으셨다면 어떻게 거짓말을 하셨겠는가? 그분은 사람들이 자신을 경배하도록 허락하셨으며 죄를 용서해 주셨다. 그분이 하나님이 아니시라면 어떻게 그렇게 하실 수 있었겠는가?

이 부록이나 제8장에 있는 "저는 다른 종교를 믿어요"와 "세상에는 종교가 많아요" 그리고 "하나님께 가는 길은 많아요"라는 반론과 그에 대한 답변을 보라.

3. 하나님도 저를 용서하지 못하실 겁니다

읽　기: • "누구든지 주의 이름을 부르는 자는 구원을 받으리라" (롬 10:13).

당　신: • 성경이 뭐라고 말씀하나요?
　　　　• 하나님은 회개한 살인자를 용서하실 수 있나요?
　　　　• 하나님은 은행 강도를 용서하실 수 있나요?

• 하나님은 당신을 용서하실 수 있나요?
  • (상대방이 "예"라고 대답한다면) 함께 기도합시다.

덧붙임: "저는 그렇게 착하지 못해요"라는 반론과 그에 대한 답변을 보라.

4. 어떻게 사랑의 하나님께서 인간을 지옥에 보내실 수 있나요?
   당 신: 예수님의 죽음이 아무 의미가 없다면, 하나님께서는 왜 그분의 아들을 십자가에서 죽게 하셨겠습니까?
   읽 기: • "자기 아들을 아끼지 아니하시고 우리 모든 사람을 위하여 내주신 이가 어찌 그 아들과 함께 모든 것을 우리에게 주시지 아니하시겠느냐"(롬 8:32).
         • "죄의 삯은 사망이요 하나님의 은사는 그리스도 예수 우리 주 안에 있는 영생이니라"(롬 6:23).
   당 신: 예수님은 우리가 지옥에 가지 않게 하시려고 우리를 위해 죽으셨습니다.
   읽 기: • "우리가 아직 죄인 되었을 때에 그리스도께서 우리를 위하여 죽으심으로 하나님께서 우리에 대한 자기의 사랑을 확증하셨느니라 그러면 이제 우리가 그의 피로 말미암아 의롭다 하심을 받았으니 더욱 그로 말미암아 진노하심에서 구원을 받을 것이니"(롬 5:8, 9).
   당 신: • 당신이 그리스도와 그분의 선물을 거부하면 어떻게 된다고 성경은 말씀합니까?
         • 예수 그리스도께서는 생각으로나 말로나 행동으로 결

코 죄를 범하지 않으셨습니다. 그럼에도 불구하고 예수님은 십자가에서 우리의 죄를 담당하셨습니다. 하나님께서 아들에게 등을 돌리셨고 그분의 진노를 아들에게 쏟으셨습니다. 이것이 하나님의 완전한 공의입니다. 단 하나의 죄도 하나님과 우리를 갈라놓습니다. 예외는 없습니다. 예수님이 우리를 대신하여 죽으신 것도 바로 이 때문입니다. 그렇지 않다면 하나님께서 그분의 아들을 죽음에 내어주지 않으셨을 거라고 생각하지 않으십니까? 그분은 당신을 대신해서 죽으셨습니다. 당신도 그분의 희생을 통해 용서받길 원하십니까?

5. 성경이 진리인지 어떻게 알 수 있나요?

당　신:
- 한 사람이 동전을 한 개씩 던져서 연속해서 30번 모두 앞면이 나오려면 몇 사람이 있어야 할까요? (10억 명)
- 제가 성경이 진리라고 믿는 이유 가운데 하나는 예수님의 탄생과 죽음, 부활에 관해 기록된 30개의 예언이 모두 실현되었기 때문입니다. 이렇게 될 확률은 30회 연속으로 동전의 앞면이 나오는 것과 같습니다.
- 한 사람이 동전을 한 개씩 던져서 연속해서 245번 모두 앞면이 나오려면 몇 사람이 있어야 할까요? 제가 245라는 숫자를 든 것은 실제로 이루어진 성경의 예언이 대략 그 정도 되기 때문입니다.

읽　기:
- "예언은 언제든지 사람의 뜻으로 낸 것이 아니요 오직 성령의 감동하심을 받은 사람들이 하나님께 받아 말한

것임이라"(벧후 1:21).

당　신: 제 삶을 바꿔 놓은 성경 몇 구절을 함께 나누고 싶은데 괜찮을까요?

덧붙임: "성경 번역본의 종류가 많아요"라는 반론과 그에 대한 답변도 이 부록이나 8장에서 보라.

6. 저의 믿음이 충분한지 어떻게 아나요?

당　신:
- 그리스도께서 당신의 마음속에 들어오시도록 요청할 만큼의 믿음만 있다면 당신은 그분을 영접할 충분한 믿음을 가진 것입니다.
- 모세를 생각해 보십시오. 모세는 이스라엘을 애굽에서 인도해낼 때 홍해라는 아주 큰 장애물을 만났습니다. 바로의 군대가 모세와 이스라엘을 뒤쫓아올 때, 하나님께서는 모세에게 홍해를 건너라고 명하셨습니다. 모세는 자신의 믿음이 충분한지 걱정하면서 해변에 서 있었습니다. 그가 바닷물에 발을 들여놓는 순간 바다가 갈라졌습니다. 하나님께서는 당신의 첫 발을 귀하게 여기실 것입니다. 정말 예수님을 구주로 알고자 한다면 첫 발을 내딛고 그분을 당신의 마음에 초대하십시오. 자 이제 준비가 되었습니까?

덧붙임: "구원받았다는 확신이 없어요"와 "해봤지만 효과가 없었어요"라는 반론과 그에 대한 답변도 이 부록이나 8장에서 찾아보라.

7. 그리스도인의 삶을 살 수 없어요

당　신: 변화가 필요하다는 것을 아시니 참 기쁩니다. 이제 당신은 과거와 달리 혼자서 변할 필요가 없습니다.

읽　기: • "내게 능력 주시는 자 안에서 내가 모든 것을 할 수 있느니라"(빌 4:13).

당　신: 하나님께서는 당신의 능력이 아니라 '소원'을 원하십니다. 그분은 당신의 바람을 원하십니다. 당신은 지금 예수 그리스도를 당신의 구주로서 따르길 원하십니까?

덧붙임: 상대방이 "예"라고 대답하면 죄인의 기도를 드려라.

8. 하나님을 믿지 않아요

당　신: • (당신이 복음을 제시하려고 할 때 상대방이 반론을 제기한다면 "왜죠?"라고 물어라.)

• 제 삶을 바꿔 놓은 성경 구절들을 보여 드릴까요? (전도 구절을 제시하라.)

• (당신이 복음을 제시했는데 상대방이 반론을 제기한다면 "왜죠?"라고 물어라.)

• 하나님의 존재를 확신하게 되면 당신의 삶을 그분께 기꺼이 드리겠습니까? 존재하지 않는 하나님께 당신이 믿지 못하니 도와달라고 할 수 있겠습니까?

기　도: 하나님, 당신이 정말 계시다면 제가 믿을 수 있게 도와주십시오.

당　신: 며칠, 혹은 몇 주 후에 다시 이야기합시다.

덧붙임: 상대방이 보다 더 많은 도움을 얻고자 한다면 조시 맥도웰의 『예수는 누구인가?』를 읽어 보라고 권하라.

9. 부활이 있었다고 믿지 않아요

당 신: 이것이 당신의 유일한 걸림돌이라는 사실이 기쁩니다. 왜냐하면 하나님께서 부인할 수 없는 부활의 증거를 우리에게 주셨기 때문입니다. 실제로 하버드 대학교에서 모의재판이 있었는데 결론은 분명했습니다. 예수 그리스도의 부활이 사실임이 강력하게 입증되었습니다.

읽 기: "너희가 온 마음으로 나를 구하면 나를 찾을 것이요 나를 만나리라"(렘 29:13).

당 신: 바로 지금 당신의 마음을 시험하고 싶다면 머리를 숙이고 기도할까요?

기 도: 주 예수님, 부활이 사실이라면 제가 믿을 수 있도록 도와주세요.

주의: 상대방이 준비가 됐다면 다음과 같이 기도하게 할 수 있을 것이다.

기 도: 저는 죄인입니다. 저의 모든 죄를 용서받길 원합니다. 예수님이 저의 죄 때문에 십자가에서 죽으셨다는 사실을 믿길 원합니다.

당 신: 진심으로 기도를 드렸습니까? 그렇다면 당신이 믿을 수 있도록 하나님께서 도와주실 겁니다.

덧붙임: 상대방이 그리스도의 신성을 말하는 성경 구절을 보길 원한다면 "이단 종파가 해답인가요?"라는 반대와 그에 대한 답변에 제시된 성경 구절들을 보라. 그 외에도 "저는 다른 종교를 믿어요" "세상에는 종교가 많아요" "저는 유대인인데요" "하나님께 가는 길은 많아요"와 같은 반론과 그에 대한 답변이 도움이 될 것이다.

10. 한번 생각해 볼게요

읽　기: "죄의 삯은 사망이요 하나님의 은사는 그리스도 예수 우리 주 안에 있는 영생이니라"(롬 6:23).

당　신:
- 이 말씀에 따른다면 당신은 죽으면 어디로 갑니까?
- 운전 조심하세요. (또는) 좋은 하루 되세요.
- (상대방이 두려워하고 떨면서 "지옥입니다"라고 대답한다면) 예수 그리스도를 당신의 구주로 영접할 준비가 되었습니까?

덧붙임: 상대방이 아직 준비가 안 됐다고 말하면 대화 주제를 바꿀 필요가 있다. 그러나 상대방이 며칠 후에 당신에게 전화를 하길 원한다면 그에게 전화번호를 꼭 알려 주어라.

그리고 계속 기도하라. "아직 준비가 안 됐어요"라는 반론과 그에 대한 답변도 이 부록이나 8장에서 찾아보라.

11. 저는 착한 사람이에요

당　신:
- 누구의 기준으로 말인가요?
- 살인한 적이 있나요?

주의: 상대방이 두 번째 질문에 대답하고 나면, 다음 질문들을 연달아 제시하면서 대답할 시간을 주지 말라.

당 신:
- 하나님의 기준을 적용해 봅시다. 누군가에게 화를 내거나, 누군가를 미워하거나, 바보라고 부르거나, 고속도로에서 차에 태워 달라는 사람을 그냥 지나친 적이 있나요? 그렇게 한 적이 있다면, 하나님의 기준으로 볼 때 당신은 살인자입니다.
- 이성을 보고 음욕을 품은 적이 있나요?
- 만약 당신이 "아니오"라고 말한다면 당신은 분명히 거짓말하는 죄를 짓고 있는 것입니다. 하나님의 기준으로 볼 때, 당신이 정욕을 품은 적이 있다면 당신은 간음죄를 지었습니다.
- 사람들과의 관계나 직장이나 어떤 활동을 하나님과의 관계보다 우위에 둔 적이 있나요? 그런 적이 있다면 그것들이 당신의 우상인 것입니다.
- 하나님은 거룩하시기 때문에 그분이 제시하시는 완전의 기준에 우리가 이를 수는 없습니다. 하나님은 재판장이요 배심원이시기 때문에, 우리는 그분의 기준을 충족시켜야 합니다.

읽 기:
- "누구든지 온 율법을 지키다가 그 하나를 범하면 모두 범한 자가 되나니"(약 2:10).

당 신:
- 당신과 마찬가지로 저 역시 죄인이라는 사실을 당신이 알았으면 좋겠습니다. 차이가 있다면 저는 예수님을

통해 용서를 발견했다는 사실입니다. 당신도 이러한 용서를 원하십니까?

덧붙임: 상대방을 사랑으로 대해야 한다는 것을 기억하라. 하나님께서는 지금도 그의 삶을 주관하고 계신다.

"저는 죄인이 아니에요"라는 반론과 그에 대한 답변을 이 부록과 8장에서 찾아보라.

12. 저는 다른 종교를 믿어요

당　신:
- 누군가 당신에게 기독교에 관해 말해 준 적이 있나요?
- 누가 처음으로 당신에게 거짓말하라고 가르쳤나요?
- 거의 모든 사람이 거짓말을 합니다. 아무도 저에게 거짓말을 가르칠 필요가 없었습니다. 저의 부모님이나 친구들도 저에게 거짓말하라고 시키지 않았습니다. 거짓말은 제 자신에게서 나왔습니다. 거짓말은 우리의 죄악 된 본성에서 나왔습니다.
- 에덴동산의 아담과 하와 이야기를 알고 있나요? 그들이 하나님께 불순종하기 전까지 에덴동산은 완벽했습니다. 죄가 없었기 때문에 악이라는 것도 없었습니다. 하나님께서 먹지 말라고 하신 열매를 아담과 하와가 먹음으로써 하나님께 불순종했을 때 죄가 세상과 우리에게 들어왔습니다. 아무도 거짓말하거나 속이거나 훔치거나 정욕을 품거나 다른 사람들을 시기하라고 가르칠 필요가 없었던 것도 바로 이 때문입니다. 그렇게 죄를

짓는 것은 우리 안에 있는 본성 때문입니다.
- 이런 개념을 이해하는 데 도움이 되는 성경 구절들을 보여 드리겠습니다(전도 구절을 보여 주라).

덧붙임: "이단 종파가 해결책인가요?" "세상에는 종교가 많아요" "저는 유대인인데요" "하나님께 가는 길은 많아요"와 같은 반론과 그에 대한 답변도 이 부록과 8장에서 찾아보라.

13. 제가 하나님인데요

당　신: 저는 새 차를 운전할 줄 압니다. 저를 위해 새 차를 한 대 만들어 줄 수 있나요? 당신이 전능한 하나님이라면 분명히 만들 수 있겠지요.

읽　기: "너는 나 외에는 다른 신들을 네게 두지 말라"(출 20:3).

당　신: 성경이 뭐라고 말씀하나요?

읽　기: "이는 그들이 하나님의 진리를 거짓 것으로 바꾸어 피조물을 조물주보다 더 경배하고 섬김이라 주는 곧 영원히 찬송할 이시로다 아멘"(롬 1:25).

당　신: 성경이 뭐라고 말씀하나요?

읽　기: "그가 우리를 흑암의 권세에서 건져내사 그의 사랑의 아들의 나라로 옮기셨으니 그 아들 안에서 우리가 속량 곧 죄 사함을 얻었도다 그는 보이지 아니하는 하나님의 형상이시요 모든 피조물보다 먼저 나신 이시니 만물이 그에게서 창조되되 하늘과 땅에서 보이는 것들과 보이지 않는 것들과 혹은 왕권들이나 주권들이나 통치자들이나 권세들이나 만물이 다 그로 말미암고 그를 위하여 창조되었고 또한 그가 만물보다 먼저 계시고 만물이 그 안에 함께 섰느니라"(골 1:13~17).

당　신:
- 성경이 뭐라고 말씀하나요?
- 이 구절에 따르면 오직 하나님만 하나님이십니다. 그분은 '만물'이 아니십니다. 그분은 만물을 '결합시키는' 창조주이십니다.
- 저는 하나님이 아니지만 그분은 제 안에 계십니다. 하나님께서 당신 안에도 계시길 원하십니까?

14. 저는 지금 너무 즐거워요

당　신:
- 왜죠?
- (상대방의 대답을 다시 한 번 확인하라. 예를 들면)바꿔 말해 당신은 섹스, 마약, 로큰롤에 빠져 있군요?
- 당신이 지금 죽는다면 어디로 갈 것 같습니까?
- 운전 조심하세요. (또는) 좋은 하루 되세요.
- (상대방이 두려워하고 떨면서 "지옥에요"라고 대답하면) 예수 그리스도를 당신의 구주로 영접할 준비가 되셨나요?

덧붙임: 당신은 상대방이 자유롭게 대화를 중단할 수 있도록 해야 한다. 그리고 며칠 후에 상대방이 당신에게 전화를 하고 싶을 때 전화할 수 있도록 그에게 당신의 전화번호를 꼭 남겨라. 그리고 계속 기도해야 한다.

15. 저는 유대인인데요

주의: 상대방이 예수를 믿지 않는다고 하면 나는 "왜 안 믿으세요?"라고 묻는다. 상대방이 유대인이라면 다음과 같이 하라.

당　신:　• 회당에 나가세요?
　　　　• 제가 믿는 기독교의 뿌리가 유대교라는 사실을 알고 있나요?
　　　　• 저는 예수님이 그리스도, 곧 메시아라는 것을 믿습니다. 예수님이 본인 스스로 하나님이시라고 주장하셨다는 것을 알고 있나요?

읽　기:　"나와 아버지는 하나이니라"(요 10:30).

당　신:　• 저는 그분이 거짓말쟁이가 아니라는 것을 압니다. 그분은 결코 죄를 짓지 않으셨기 때문입니다. 그분은 절대 미치광이가 아닙니다. 그분의 삶과 가르침이 그분은 훌륭하고 견실하며 다른 사람들을 사랑하셨음을 증거하기 때문입니다. 그러므로 저는 그분이 주님이라고 믿을 수 있습니다.
　　　　• 또한 당시의 유대인들은 예수님이 스스로를 가리켜 누구라고 주장하시는지 분명히 알고 있었습니다. 그래서 그들은 예수님이 다음과 같이 말씀하실 때 그분을 죽이려고 했습니다.

읽　기:　"아브라함이 나기 전부터 내가 있느니라"(요 8:58).

당　신:　유대인들은 예수님이 출애굽기 3장 14절에서, 하나님께서 모세에게 하신 말씀 "나는 스스로 있는 자이니라"를 인용하고 계시다는 것을 알았습니다.

읽　기: "하나님이 모세에게 이르시되 나는 스스로 있는 자이니라 또 이르시되 너는 이스라엘 자손에게 이같이 이르기를 스스로 있는 자가 나를 너희에게 보내셨다 하라"(출 3:14).

당　신: 예수님이 메시아이신 것이나 그분이 죽은 자 가운데서 살아나셨다는 것 둘 중에 하나가 사실이라면, 당신은 완전한 유대인이 되기 위해 예수님과의 개인적인 관계를 생각해 보시겠습니까?

덧붙임: 이 시점에서 당신은 메시아교회에 함께 가보자고 상대방을 초대할 수 있다. 그리고 조시 맥도웰의 『예수는 누구인가?』나 요한복음을 건네주면서 읽어 보게 할 수도 있다. "저는 다른 종교를 믿어요" "세상에는 종교가 많아요" "성경이 진리인지 어떻게 알 수 있나요?" "이단 종파가 해답인가?"와 같은 반론과 그에 대한 답변을 이 부록이나 8장에서 찾아보라.

당　신: (상대방이 실천적 유대인이라면, 다음과 같이 대화를 계속한다.) 예수님이 자신을 가리켜 하나님이라고 하셨다는 사실에 놀란 적이 있나요?

읽　기: 우리가 전한 것을 누가 믿었느냐
여호와의 팔이 누구에게 나타났느냐
그는 주 앞에서 자라나기를 연한 순 같고
마른 땅에서 나온 뿌리 같아서
고운 모양도 없고 풍채도 없은즉

우리가 보기에 흠모할 만한 아름다운 것이 없도다
그는 멸시를 받아 사람들에게 버림받았으며
간고를 많이 겪었으며 질고를 아는 자라
마치 사람들이 그에게서 얼굴을 가리는 것 같이
멸시를 당하였고 우리도 그를 귀히 여기지 아니하였도다
그는 실로 우리의 질고를 지고
우리의 슬픔을 당하였거늘
우리는 생각하기를 그는 징벌을 받아서
하나님께 맞으며 고난을 당한다 하였노라
그가 찔림은 우리의 허물 때문이요
그가 상함은 우리의 죄악 때문이라
그가 징계를 받음으로 우리는 평화를 누리고
그가 채찍에 맞음으로 우리는 나음을 받았도다
우리는 다 양 같아서 그릇 행하며 각기 제 길로 갔거늘
여호와께서는 우리 모두의 죄악을 그에게 담당시키셨도다
그가 곤욕을 당하여 괴로울 때에도
그의 입을 열지 아니하였음이여
마치 도수장으로 끌려 가는 어린 양과
털 깎는 자 앞에서 잠잠한 양 같이
그의 입을 열지 아니하였도다
그가 곤욕과 심문을 당하고 끌려 갔으나
그 세대 중에 누가 생각하기를
그가 살아 있는 자들의 땅에서 끊어짐은
마땅히 형벌받을 내 백성의 허물 때문이라 하였으리요

그는 강포를 행하지 아니하였고

그의 입에 거짓이 없었으나

그의 무덤이 악인들과 함께 있었으며

그가 죽은 후에 부자와 함께 있었도다

여호와께서 그에게 상함을 받게 하시기를 원하사 질고를 당하게 하셨은즉

그 영혼을 속건제물로 드리기에 이르면

그가 씨를 보게 되며 그 날은 길 것이요

또 그의 손으로 여호와께서 기뻐하시는 뜻을 성취하리로다

그가 자기 영혼의 수고한 것을 보고 만족하게 여길 것이라

나의 의로운 종이 자기 지식으로 많은 사람을 의롭게 하며

또 그들의 죄악을 친히 담당하리로다

그러므로 내가 그에게 존귀한 자와 함께 몫을 받게 하며

강한 자와 함께 탈취한 것을 나누게 하리니

이는 그가 자기 영혼을 버려 사망에 이르게 하며

범죄자 중 하나로 헤아림을 받았음이라

그러나 그가 많은 사람의 죄를 담당하며

범죄자를 위하여 기도하였느니라(사 53:1~12)

당 신:
- 이 구절이 묘사하는 사람은 누구라고 생각하십니까?
- 왜 많은 회당들에서 이사야서에 나오는 이 말씀을 읽기를 거부한다고 생각하십니까?
- 왜 성전 제사가 그쳤는지 아십니까?
- (대답을 기다렸다가 물어라.) 예수님은 하나님께 제물로 드려진 어린 양이기 때문이 아닐까요?

덧붙임: 나는 몰아붙이지 않는다. 나의 목적은 또 다른 논의들로 이어질 따뜻하고 우호적인 대화를 하는 것이다. 상대방이 더 많은 것을 알고 싶어 하면 나는 지역의 메시아교회 목사—나보다 구약 성경을 훨씬 더 잘 아는 전문가—를 만나 보라고 권한다. 배경 문화가 같은 유대인이 그가 어떻게 느낄지 잘 알 것이기 때문이다.

상대방이 회당에 나가지 않으며 내가 '세속적' 유대인으로 분류한 부류의 사람인 경우에는 '반론2'— '이단 종파가 해결책인가요?'—에서 제시한 그리스도에 관한 성경 구절들을 그와 나눈다.

16. 저는 죄인이 아니에요

읽　기: "네 마음을 다하고 목숨을 다하고 뜻을 다하여 주 너의 하나님을 사랑하라"(마 22:37).

당　신:
- 마음을 다하고 목숨을 다하고 뜻을 다하여 하나님을 사랑한 적이 있으세요? 없다고요? 그게 바로 죄입니다.
- 그 다음 성경 구절을 볼까요?

17. 저는 그렇게 착하지 못해요

당　신:
- 왜죠?
- 그것이 우리의 공통점입니다. 우리는 별로 착하지 못해요. 그것이 문제입니다. 천국에 가는 방법은 두 가지밖에 없습니다. 우리가 완전하여 말로나 행동으로나 생각으로 전혀 죄를 짓지 않든지, 그렇지 않으면 거듭나는 것입니다. 저는 저의 죄값을 지불하신 예수 그리스도께서 완성하신 일과 그분을 마음으로 받아들임으

로써 거듭날 수 있습니다. 그분은 자신의 탄생과 죽음과 부활 때문에 저를 용서하실 능력이 있습니다. 제가 그분을 믿고 그분의 용서를 받아들일 때, 오직 그때만 그분은 제가 과거에 지은 죄를 깨끗이 지우실 수 있습니다. 개인적으로, 제가 그분의 용서를 선택한 것은 저는 결코 완전할 만큼 착할 수 없기 때문입니다.

읽 기: • "너희는 그 은혜에 의하여 믿음으로 말미암아 구원을 받았으니 이것은 너희에게서 난 것이 아니요 하나님의 선물이라 행위에서 난 것이 아니니 이는 누구든지 자랑하지 못하게 함이니라"(엡 2:8, 9).

• "네가 만일 네 입으로 예수를 주로 시인하며 또 하나님께서 그를 죽은 자 가운데서 살리신 것을 네 마음에 믿으면 구원을 받으리라 사람이 마음으로 믿어 의에 이르고 입으로 시인하여 구원에 이르느니라"(롬 10:9, 10).

• "누구든지 주의 이름을 부르는 자는 구원을 받으리라"(롬 10:13).

당 신: 당신도 여기에 포함되나요? 당신은 그분의 용서를 받아들이겠습니까?

덧붙임: "하나님도 저를 용서하지 못하실 겁니다"라는 반론을 이 부록과 8장에서 찾아보라.

18. 아직 준비가 안 됐어요

당 신: • 왜죠?(상대방이 대답하도록 하라.)

- 정말 그것(상대방의 대답)이 당신과 하나님 사이를 가로막도록 놔두시겠습니까?
- (상대방이 "아니오"라고 대답한다면)그리스도를 당신의 삶에 맞아들일 준비가 되셨나요?

덧붙임: "왜 준비가 안 되셨나요?"라는 당신의 물음에 상대방은 이렇게 말할 수도 있다. "제가 준비가 안 된 것은 당신의 정보가 제게는 너무나 새롭기 때문입니다. 전혀 새로운 사고방식이라 저로서는 여러 모로 생각해 봐야겠어요." 상대방이 이렇게 대답한다면 복음 제시를 중단하라. 상대방을 하나님의 주권과 다스림에 맡겨라. 그리고 이렇게 말하라. "즐거웠습니다. 당신을 위해 기도하겠습니다. 며칠, 혹은 몇 주 후에 다시 만나 이야기할 수 있을까요?" "그분에 대해 생각해 보고 싶어요"라는 반론과 그에 대한 답변을 이 부록과 8장에서 찾아보라.

19. 제가 구원받았다는 확신이 없어요

주의: 당신은 그리스도께서 마음속에 들어오시길 진정으로 구했으나 구원받지 못했다고 느끼는 사람들을 종종 만날 것이다.

당 신:
- 시계가 아주 좋아 보입니다. 그 시계를 잃어버린다면 시간을 볼 때마다 많이 아쉽겠어요. 그러나 당신에게 처음부터 시계가 없었다면 그것 때문에 걱정하지 않을 것이며, 시계를 잃어버리지도 않겠지요.
- 당신 자신이 구원받지 못한 것은 아닌지 걱정한다는

사실 자체가 흥미롭지 않나요? 갖지도 않은 것을 잃어버릴 걱정을 한다는 건 있을 수 없는 일이지요. 장담컨대, 당신은 그리스도께서 당신의 삶에 들어오시도록 구하기 전에는 그분이 당신의 마음에 계시지 않은 것을 걱정하지 않았겠지요?

- 당신이 걱정한다는 것은 당신이 구원받았다는 놀라운 증거입니다.

읽　기: "내가 확신하노니 사망이나 생명이나 천사들이나 권세자들이나 현재 일이나 장래 일이나 능력이나 높음이나 깊음이나 다른 어떤 피조물이라도 우리를 우리 주 그리스도 예수 안에 있는 하나님의 사랑에서 끊을 수 없으리라"(롬 8:38, 39).

당　신: 성경이 뭐라고 말씀하나요?

읽　기: "그 안에서 너희도 진리의 말씀 곧 너희의 구원의 복음을 듣고 그 안에서 또한 믿어 약속의 성령으로 인치심을 받았으니 이는 우리 기업의 보증이 되사 그 얻으신 것을 속량하시고 그의 영광을 찬송하게 하려 하심이라"(엡 1:13, 14)

당　신:
- 이것만은 꼭 알고 계셨으면 좋겠습니다. 당신은 그리스도를 당신의 삶에 맞아들인 그 순간 구원받았습니다. 언젠가 당신은 천국에서 하나님을 만날 겁니다. 하나님께서 그렇게 약속하셨거든요."

- 당신이 경험하는 두려움은 그리스도인들 대부분이 경험하는 것이기도 합니다. 그러나 당신은 이러한 두려움을 물리쳐야 합니다. 그래야 믿음이 성장할 수 있거든요. 성경을 읽고 기도하며 다른 신자들과 함께하는

시간을 가지면 도움이 될 것입니다.
- 당신이 시작할 수 있도록 제가 도와드리겠습니다. 다음 주에 모시러 올 테니 저와 함께 교회에 가시겠습니까?

덧붙임: "저의 믿음이 충분한지 어떻게 아나요?"와 "해봤지만 효과가 없었어요"라는 반론과 그에 대한 대답을 이 부록이나 8장에서 찾아보라.

20. 늘 하나님을 믿어 왔어요

읽 기: "네가 하나님은 한 분이신 줄을 믿느냐 잘하는도다 귀신들도 믿고 떠느니라"(약 2:19).

당 신:
- 당신이 하나님을 믿는다니 정말 기쁩니다. 그러나 마귀도 하나님을 믿습니다. 사실 마귀는 그분을 보기까지 했습니다. 그렇다면 당신은 마귀와 어떻게 다릅니까?
- 예수 그리스도를 당신의 구주로 영접하시겠습니까?

21. 나쁜 짓을 너무 많이 했어요

덧붙임: "저는 그렇게 착하지 못해요" 또는 "하나님도 저를 용서하지 못하실 겁니다"라는 반론과 그에 대한 답변을 이 부록이나 8장에서 찾아보라.

22. 해봤지만 효과가 없었어요

당 신:
- 무엇을 해보셨습니까?
- (상대방이 "당신과 함께 그리스도를 맞아들이는 기도

도 해봤지만 아무 일도 일어나지 않았습니다"라고 말한다면)그건 분명히 사실이에요. 그런데 한 가지 물어보겠습니다. 당신이 그냥 말로 했던 그것을 가리켜 기도라고 하는 건가요?
- (상대방은 대개 100% 확신하지는 못한다.)당신의 삶을 그리스도께 드렸던 순간을 말씀해 주세요.
- (상대방의 이야기가 이치에 맞는가? 다시 말해 사실로 들리는가?)잠시 성경 구절을 함께 살펴볼까요? 소리 내어 읽어 보세요. 그리고 무슨 뜻인지 제게 말씀해 주세요.
- (상대방의 이야기가 사실인 듯하지 않으면)성경을 읽거나 다른 신자들과 교제하고 싶은 마음이 들었던 적이 전혀 없었다면 당신은 거듭나지 않았을 수 있습니다.
- 확실히 하고 싶으세요?
- (상대방이 "예"라고 대답한다면)당신이 복음을 더 잘 이해하는 데 도움이 될 성경 구절을 살펴봅시다(일곱 개의 전도 구절을 제시한 다음에 다섯 개의 결단을 위한 질문을 던져라).

덧붙임: "저의 믿음이 충분한지 어떻게 아나요?" 또는 "구원받았다는 확신이 없어요"라는 반론과 그에 대한 답변을 이 부록이나 8장에서 찾아보라.

23. 저의 믿음은 개인적인 것이에요
　　당　신: • 왜죠?

- 당신이 믿는 것이 진리가 아니라면 진정한 진리를 알고 싶습니까? 성경 구절 몇 개만 함께 나눠도 될까요?

덧붙임: 당신은 상대방이 반대하는 진짜 이유를 파악하기 위해 애쓰고 있다. 그는 과거에 그리스도인에게 상처를 받았을 수 있다. 상대방이 자신을 전도하려 했던 그리스도인과의 좋지 않은 경험을 당신에게 말한다면 이 부록이나 8장에서 "그리스도인에게 상처를 받았어요"라는 반론과 그에 대한 답변을 찾아보라.

24. 주를 영접하면 친구들이 저를 미쳤다고 생각할 겁니다

당　신:
- 왜죠?
- 그들이 정말 당신의 친구라면 우주의 하나님께서 당신 안에 거하시는 것과 당신의 모든 죄가 사해지는 것에 기뻐하고 전율하지 않을까요? 어쨌든, 당신이 변하는 것을 보면 친구들도 당신이 가진 것을 원하게 될 것입니다.

읽　기: "죄인 한 사람이 회개하면 하나님의 사자들 앞에 기쁨이 되느니라"(눅 15:10).

당　신: 준비되셨나요?

25. 논쟁이 그칠 날이 없어요

당　신:
- 왜 화가 나셨나요?
- 왜 복음 제시를 그렇게 싫어하십니까?
- 제가 복음과 예수님과 관련해 말씀드린 것이 전부 진

리라면 어떻게 하시겠습니까?
- (상대방이 자신은 믿지 않을 것이라고 말한다면)왜죠? (믿을 것이라고 한다면)정말 놀라운 결심을 하셨습니다. 저도 똑같은 과정을 겪었거든요(당신은 예수님이 당신의 삶을 어떻게 바꿔 놓으셨는지 간단하게 증거할 수 있다).
- (상대방이 다음 질문 가운데 하나 또는 그 이상에 열린 마음으로 대답하게 만들어라.) 제 삶을 당신에게 숨김없이 털어놓았습니다. 당신에게 일어난 일 가운데 가장 충격적인 일은 무엇입니까? 무엇인가를 두려워하십니까? 죽음을 두려워하세요? 부모님께 상처를 받았나요? 하나님의 사랑을 받아들이는 일이 죽는 것만큼 겁이 나세요? 당신을 사랑했던 사람이 있나요? 혼자라고 느끼십니까?
- 예수님을 당신의 구주로 영접하시겠습니까?

덧붙임: 상대방이 반응하지 않는다고 해서 실패했다고 생각하지 말라. 그를 위해 계속 기도하라.

26. 교회가 원하는 것은 저의 돈뿐이에요

당　신:
- 교회가 당신에게 돈을 요구한 적이 있나요? 대부분의 교회에 헌금이 있는 것은 사실입니다. 그러나 헌금은 방문자들이 아니라 성도들에게 요구됩니다.
- 하나님께서는 당신의 돈을 원하지 않으십니다. 성도가

되면 당신의 마음속에서 어떤 일이 일어날 것입니다. 헌금을 드린다면 원해서 드려야 합니다. 기뻐서가 아니라면 한 푼도 드리지 말아야 합니다.
- 교회는 당신의 돈을 원하지 않습니다. 단지 당신이 삶을 예수님께 드리길 원합니다. 그렇게 하시겠습니까?

27. 하나님께 가는 길은 많아요

당　신: 당신 말이 맞습니다. 모든 길은 하나님께로 통합니다. 바로 거기에 문제가 있습니다. 당신은 하나님 앞에 가서 뭐라고 말하겠습니까? 하나님께서는 당신을 맞으실 때 당신의 구원자로서 맞으시거나 당신의 심판자로서 맞으실 것입니다.

읽　기: "하늘에 있는 자들과 땅에 있는 자들과 땅 아래 있는 자들로 모든 무릎을 예수의 이름에 꿇게 하시고 모든 입으로 예수 그리스도를 주라 시인하여 하나님 아버지께 영광을 돌리게 하셨느니라"(빌 2:10, 11).

당　신: 그리스도를 닻아들일 준비가 되었습니까?

덧붙임: "이단 종파가 해결책인가요?" "다른 종교를 믿어요" "제가 하나님인데요" "세상에는 종교가 많아요" "저는 그렇게 착하지 못해요" "무엇이 진리인지 알 수 없잖아요"와 같은 반론과 그에 대한 답변을 이 부록이나 8장에서 찾아보라.

28. 세상에는 종교가 많아요

당　신: • 저는 세상의 모든 종교를 두 부류로 나눌 수 있다는 것을 알았습니다. 기독교를 제외한 모든 종교, 즉 몰몬교, 불교, 힌두교, 유대교, 그 외의 모든 '주의'가 왼쪽에, 기독교는 오른쪽에 있다고 생각해 보십시오. 왼쪽의 종교들은 두 가지 두드러진 주장을 합니다. (a)예수는 하나님이 아니거나 유일하신 하나님이 아니다. 그는 위대한 선지자이거나 선생이거나 선한 사람일지 모르지만 메시아는 아니다. (b)선한 일을 충분히 하거나 세상에서 무신론자들이 사라지게 하거나 특별한 식사법을 따른다면 어떤 형태로든 구원받을 수 있다.

- 상반되는 두 주장이 모두 진리일 수는 없습니다. 다른 종교들이 진리라면 제 신앙이 헛되다는 것을 기꺼이 인정하겠습니다. 당신도 기독교가 진리라면 당신의 신앙이 헛되다는 것을 기꺼이 인정하시겠습니까? 증거를 살펴보면서 우리 둘 중에 누가 틀렸는지 알아보도록 합시다.
- 예수님은 하나님이시며, 하나님께서는 우리가 영생을 얻을 수 있도록 이 세상에서 사셨고 십자가에서 돌아가셨으며 무덤에서 다시 살아나셨다고 하나님께서는 주장하십니다.

읽　기: "너희는 그 은혜에 의하여 믿음으로 말미암아 구원을 받았나니 이것은 너희에게서 난 것이 아니요 하나님의 선물이라 행위에서 난 것이 아니니 이는 누구든지 자랑하지 못하게 함이니라"(엡 2:8, 9).

당　신:
- 두 가지 가르침이 모두 진리일 수 있나요?
- 제 삶을 바꿔 놓은 성경 구절들을 함께 나누고 싶은데

괜찮겠습니까?

덧붙임: "이단 종파가 해결책인가요?" "세상에는 종교가 많아요" "하나님께 가는 길은 많아요" "저는 유대인인데요" "성경이 진리인지 어떻게 알 수 있나요?"와 같은 반론과 그에 대한 답변을 이 부록이나 8장에서 찾아보라.

29. 성경 번역본의 종류가 많아요
당　신:
- 당신 말이 맞습니다. 그런데 그 모든 번역본들이 모두 같은 것을 말한다는 사실을 아십니까?
- 로마서 3장 22절을 볼까요?

덧붙임: 이런 반론은 대개 복음을 제시하기 시작할 때 나타난다.

30. 성경에는 오류가 너무 많아요
상대방:　성경에는 오류가 너무 많아요.
당　신:　(뒷걸음질치지 말라. 대신에 정말 사랑하는 마음으로 상대방에게 성경을 건네라.) 그렇다면 그 가운데 하나만 찾아보시겠어요?
상대방:　아니오, 못 찾겠어요.
당　신:　저도 못 찾습니다. 로마서 3장 23절을 한 번 볼까요?

덧붙임: "성경이 진리인지 어떻게 알 수 있나요?"라는 반론과 이에 대한 답변을 이 부록이나 8장에서 찾아보라.

31. 교회에는 위선자들이 너무 많아요

당 신:
- 백 번 옳은 말씀입니다. 걱정해 주시니 정말 감사합니다. 모든 교회에는 위선자들이 있습니다. 그리고 당신이 완전한 교회에 등록한다면 그 교회는 더 이상 완전하지 않을 것입니다.
- 예수님은 위선자들이 아니라 예수님 자신을 따르라고 하셨습니다.
- 당신이 위선자와 진실한 사람의 차이를 아시니 매우 기쁩니다.
- 당신이 그리스도를 구주로 영접하고서도 위선자처럼 행동한다면 오늘 대화를 상기시켜 드리겠습니다.
- 기도할 준비가 되셨나요?

주의: 몇몇 사람들은 정직하지 못한 텔레비전 전도자들이나 그리스도를 제대로 대표하지 못하는 사람들을 이야기하고 싶어 할 것이다.

당 신: 제가 당신의 돈을 사취하려고 가짜로 부동산 중개인 행세를 한다고 해서, 모든 중개인이 정직하지 못한 것은 아닙니다. 어떤 사람이 그리스도를 대표한다고 말한다고 해서 그가 실제로 그리스도의 대표자인 것은 아닙니다. 그리스도만이 그의 마음을 아십니다. 정직하지 못한 한 사람 때문에 당신을 향한 하나님의 사랑을 알기를 포기하겠습니까? 기도할 준비가 되셨나요?

32. 제 가족은 어떻게 되나요?

당　신: 당신의 가족은 어떻게 될까요?

읽　기: "아버지나 어머니를 나보다 더 사랑하는 자는 내게 합당하지 아니하고 아들이나 딸을 나보다 더 사랑하는 자도 내게 합당하지 아니하며 또 자기 십자가를 지고 나를 따르지 않는 자도 내게 합당하지 아니하니라"(마 10:37, 38).

당　신: 성경이 뭐라고 말씀하나요?

읽　기: "내가 세상에 화평을 주려고 온 줄로 아느냐 내가 너희에게 이르노니 아니라 도리어 분쟁하게 하려 함이로라 이 후부터 한 집에 다섯 사람이 있어 분쟁하되 셋이 둘과, 둘이 셋과 하리니 아버지가 아들과, 아들이 아버지와, 어머니가 딸과, 딸이 어머니와, 시어머니가 며느리와, 며느리가 시어머니와 분쟁하리라 하시니라"(눅 12:51~53).

당　신:
- 성경이 뭐라고 말씀하나요?
- 기도할 준비가 되셨나요?

33. 복음을 들어 본 적이 없는 사람들은 어떻게 되나요?

당　신:
- 당신은 그러한 사람이 아니죠?
- 성경은 복음을 듣고도 받아들이지 않은 사람들이 어떻게 된다고 말씀하나요?
- 당신은 복음을 들었습니다. 그렇다면 복음을 받아들이시겠습니까?

덧붙임: 상대방이 다음 구절을 소리 내어 읽게 할 수 있을 것이다.

"창세로부터 그의 보이지 아니하는 것들 곧 그의 영원하신 능력과 신성이 그가 만드신 만물에 분명히 보여 알려졌나니 그러므로 그들이 핑계하지 못할지니라"(롬 1:20).

34. 왜 하나님께서는 나쁜 일들이 일어나도록 허락하시나요?

주의: 상대방이 감정을 표출하길 원한다면 그렇게 하게 하라. 그리고 그때는 귀 기울여 듣는 것이 당신이 해야 할 일이다. 그가 감정을 다 표현하고 나면 이렇게 말하라.

당 신:
- 당신은 어떻습니까? 당신에게 처음으로 거짓말을 가르친 사람은 누구입니까?
- 에덴동산의 아담과 하와 이야기를 알고 있나요? 그들이 하나님께 불순종하기 전까지 에덴동산은 완벽했습니다. 죄가 없었기 때문에 악이라는 것도 없었습니다. 아담과 하와가 하나님께서 먹지 말라고 명하신 열매를 먹으며 하나님께 불순종하자 죄가 세상과 우리에게 들어왔습니다. 아무도 거짓말하거나 속이거나 훔치거나 정욕을 품거나 다른 사람들을 시기하라고 가르칠 필요가 없었던 것도 바로 이 때문입니다. 그것들은 우리의 본성입니다.
- 예수님이 제 삶을 바꿔 놓으셨습니다. 그분은 저를 용서하셨으며 제가 그분의 선하심을 저의 선택의 기초로 삼도록 가르쳐 주셨습니다. 당신도 그분의 용서를 경험하고 싶지 않으십니까?

주의: 상대방이 자신이 겪은 비극을 이야기한다면 이렇게 말하라.

당 신: 왜 그런 일이 당신에게 일어났는지 궁금하겠지요. 그렇지만 당신은 선택할 수 있습니다. 당신은 남은 생애를 고통 속에서 혼자 살 수도, 못 자국 난 손을 붙잡을 수도 있습니다. 어느 쪽을 원하십니까?

35. 무엇이 진리인지 알 수 없잖아요
당 신: 왜죠?

주의: 이 반론을 다룰 때는 상대방을 가능한 한 친절하고 따뜻하게 대하라.

당 신:
- 시계 좀 빌려 주시겠습니까?(다른 귀중품이나 신용카드를 사용할 수도 있다.) 시계를 당신의 주머니에 넣어라. 상대방이 돌려달라고 하면 미소를 지어라.
- 아니오. 저의 진리는 진리를 믿지 않는 사람들에게서 시계를 빼앗는 것입니다. (상대방이 항의하면 이렇게 물어라.)
- 도둑질하는 것이 왜 잘못입니까?
- 상대편의 말에 귀를 기울이고 웃으면서 시계를 돌려주라. (상대방은 아마도 "그냥이요"라고 말할 것이다.) 어떻게 아십니까? 당신은 방금 옳은 것도, 옳지 않은 것도 없다고 했습니다.

그렇다면 제가 당신의 시계를 빼앗는 것이 옳지 않음을 어떻게 알 수 있나요?
- 그것이 왜 잘못인지 가르쳐 드리지요. 하나님께서 그렇다고 말씀하시기 때문입니다. 당신은 진리란 없다는 말 뒤에 숨을 수 없습니다. 저의 삶에 큰 영향을 미친 성경 구절들을 함께 나누고 싶은데 괜찮겠습니까?

36. 당신이 저보다 낫다고 생각하시는군요

당 신:
- 저는 당신보다 낫지 못합니다. 저는 단지 전보다 나아졌을 뿐입니다.
- 당신처럼 저도 하나님의 계명과 법을 어겼으며 지옥에 갈 수밖에 없었습니다. 그런데 하나님께서 은혜와 무한한 사랑으로 제 삶 속에 한 사람을 보내셔서 제게 예수님을 알려 주셨습니다. 그렇게 해서 저는 제 자신이 거룩하신 하나님 앞에서 얼마나 더러운가를 깨달았습니다.
- 저는 하나님께 용서를 구했으며 그분은 저를 용서해 주셨습니다. 그렇다고 제가 당신보다 나아진 것은 아닙니다. 저는 다만 용서받았을 뿐입니다.
- 지금 저는 누군가 저에게 주었던 바로 그 기회를 당신에게 드리고 있는 것입니다.
- 용서받으며, 더 나아가 거듭나며 예수 그리스도와 개인적인 관계를 갖는다는 것이 무엇인지 알고 싶지 않으십니까?

부록 4

과제

당신의 과제는 성경 구절에 표시를 하고 전도 성경에 추가적인 질문을 적어 두며 적어도 매주 한 사람에게 다섯 개의 전도 질문을 하는 것이다.

하나님의 인도하심을 위해 기도하라. 기회를 살펴라. 하나님께서 당신의 마음에 두신 사람들에게 전화하라. 워밍업이 필요하다면, 친구를 앉혀 놓고 연습을 해보거나 자신에게 큰 소리로 질문을 해보라. 하나님의 부르심에 순종하여 담대하게 예수님을 전하라.

- 저는 이제 침묵하는 그리스도인으로 살지 않겠습니다.
- 동료들에게 예수님을 전하기 위해 당신께서 역사하고 계시는 동료들을 계속 찾아보겠습니다.
- 그리스도의 부활의 능력이 제 안에서 역사하시며, 그로 인해 주님의 지상 명령을 수행하는 데 부족한 것이 전혀 없음을 알기에, 저는 가서 제자를 삼으라는 명령에 순종하겠습니다.

- 저의 삶 속에서 당신의 약속이 실행되고 빌레몬서 1장 6절 말씀이 실현되게 하면서 살겠습니다.

"이로써 네 믿음의 교제가 우리 가운데 있는 선을 알게 하고 그리스도께 이르도록 역사하느니라"(몬 1:6).

서명 :   날짜 :

부록5

윌리엄 페이의 간증

나는 중상류층 가정에서 태어났다. 아버지는 제너럴 푸드(General Foods)사의 부사장이었으며 버즈 아이(Birds Eye)라는 냉동식품 체인점도 갖고 계셨다. 나는 말 그대로 부유한 어린 시절을 보냈다. 어린 시절, 나의 가장 큰 관심사는 아버지가 재산을 다 탕진하기 전에 어떻게 하면 내 것으로 만드느냐였다. 그러나 너무 늦고 말았다. 나의 아버지는 재향군인병원에서 무일푼으로 돌아가셨다.

나는 아버지처럼 되지 않겠다고 결심했다. 무슨 수를 써서라도 첫째가 되고 세상이 줄 수 있는 것들을 모두 손에 넣겠다고 결심했다.

나는 열여섯 살에 한 소녀에게 임신을 시켰고 그녀와 결혼했다. 그리고 곧 대학에 들어갔으며, 그곳에서 몇 가지 나쁜 짓을 배웠다. 예를 들어 등사실에 시험지가 있다는 사실을 안 이후로 나는 쉬운 방법을 택했다. 나는 또한 한 남자를 만나서 프로 도박사가 되어 사기 카드를 치는 방법을 배웠다. 나는 52장의 카드로 돈을 벌면서 대학을 마쳤다.

나는 졸업과 함께 아내와 이혼하고, 성공을 향해 달렸으며 다른 여자를 만나 결혼했다. 그녀는 매우 예쁘고 친절했으며 내가 원하는 것은 무엇이든지 하고 원하는 곳이면 어디든지 가도 좋다고 했다.

나는 스물두 살 때 애틀랜타의 한 회사에 들어갔다. 나는 내가 하는 모든 일에서 최고가 되기로 결심했다. 나는 최고의 세일즈맨이요, 최고의 지점장이었으며, 지역 최고를 향해 달리고 있었다.

나는 골프를 무척 좋아했다. 골프를 치다 보면 클럽 회원들과 카드 게임을 해서 돈을 긁어모을 기회가 많았기 때문이었다. 나는 나와 진 러미(gin rummy, 카드놀이의 일종 – 역자 주)를 할 만큼 어리석은 사람들을 속여 1만 5,000달러짜리 골프 회원권을 쉽게 살 수 있었다.

나의 삶은 광적으로 치닫기 시작했다. 나는 도박사로서의 명성 때문에 라스베가스에 초대받았다. 라스베가스에 도착한 나는 권력과 리무진, 수행원, 화려한 여자들과 끝없이 오가는 판돈에 놀랐다. 나는 '이 모든 것을 손에 넣는다면 내 삶은 멋질 거야'라고 생각했다.

어느 날 저녁, 나는 거액의 판돈을 걸고 게임을 하는 바카라 테이블로 갔다. 내가 그 테이블에 끌린 것은 칩 대신에 현금이 오갔고 테이블 위에 몇 백만 달러가 늘 쌓여 있었기 때문이다.

어느 날 나는 계속해서 잃고, 또 잃는 한 남자를 보았다. 그는 20분 만에 20만 달러를 잃었다. 나는 술을 몇 잔 마시고 나서 그에게 말했다. "게임이 서투시군요."

그가 말했다. "똑똑한 친구, 자네가 그렇게 잘하면 좀 가르쳐 주겠나?"

그는 나를 길 건너 시저 팰리스로 데려갔다. 그곳 사람들이 그를 알아보는 듯했다. 블랙잭 딜러들이 그를 흘낏 보았으며, 그가 바카라 테이블로 가자 사람들이 길을 내주었다. 그가 도박대 책임자에게 뭐라고 속삭이자 책임자는 테이블을 치우고 배팅 제한을 없앴다. 그는 마치 우유 한 잔을 주문하듯 5만 달러를 주문하더니 내게 건네주면서 말했다. "똑똑한 친구, 한번 해보게."

나는 대박을 터트렸다. 15분 만에 25만 달러 이상을 땄다. 그는 나의 친구이자 대부가 되었다. 이로써 나는 마피아라는 지하 세계에 발을 들여놓게 되었고 전국에 마피아 자금을 공급하게 되었다. 이러한 불법 커넥션에도 불구하고 나는 회사 생활을 계속했다. 성취와 승진을 거듭했다. 마침내 나는 휴스턴에 있는 한 큰 회사의 이사가 되었다.

나는 모르는 여자와 전화 통화를 하면서 "아가씨는 어떻게 생겼지?"라고 물을 정도로 제정신이 아니었다. 그녀는 자신이 매력적이라고 말했다. 그래서 나는 "인생에서 무엇을 원하지?"라고 물었다. 그녀가 "권력과 부요"라고 말하자 나는 즉시 비행기를 타고 그 여자에게로 날아갔다. 나는 그 여자와 저녁을 먹으면서 "우리 결혼합시다"라고 말했다.

나는 집으로 돌아와 12년을 함께 산 아내에게 떠나겠다고 통보했다. 그리고 캐딜락을 타고 캔자스시티로 가서 그녀를 태우고 덴버로 가 큰 무역회사를 차렸다.

어느 날 오후, 나는 사무실에 서서 나의 마호가니 책상을 바라보았다. 운전사가 딸린 나의 리무진이 밖에 있었다. 나에게는 한도가 없는 은행 계좌와 다이아몬드 반지, 롤렉스 시계, 금장신구가 있었다. 나는 생각했다. 그 다음은 뭐지? 내겐 합법적인 돈도 있고 불법적인 돈도 있어. 내겐 힘이 있어. 회사에서는 물론이고 검은 세계에서도 말이야. 그러나 뭔가 허전해.

그러나 이런 생각도 잠시 뿐이었다. 여유가 없었다. 나는 전국에서 몇째 가는 라켓볼 선수가 되겠다는 목표를 향해 계속 달렸으며 성공에 가까이 이르렀다. 그러나 무슨 일이든지 즐거움은 잠시 뿐이었다.

실제로 내가 얼마나 외로운지는 아무도 몰랐다. 세 번째 아내는 나를 떠나 다른 남자에게 가겠다고 했다. 내가 아내를 죽이기 위해 살인을 청부하지 않은 것은 순전히 하나님의 은혜였다.

그때 지금의 아내 페기를 만났다. 페기와 데이트하기 시작할 무렵, 나는 새롭고 특별한 사업체를 세우기로 결심했다. 나는 남자들의 외로움을 잘 알고 있었기 때문에 콜로라도 레이크우드에 판타지 아일랜드(Fantasy Island)를 세웠다. 판타지 아일랜드는 미국에서 가장 큰 매춘업소 가운데 하나가 되었다.

어느 날 나는 페기와 함께 라스베가스로 가서 사람들이 내게 굽실거리는 모습을 그녀에게 보여 주었다. 아이러니컬하게도 오래 전에 나의 광기가 발했던 바로 그 바카라 테이블에 우리가 앉아 있을 때, 나는 변호사의 전화를 받았다. 그는 "사장님에게 체포 영장이 발부되었습니다"라고 알려 주었다.

나는 "무슨 혐의로? 난 아무 짓도 안 했어"라고 소리쳤다.

변호사는 "사장님 업소를 덮쳤답니다. 뉴스에 다 났습니다."

나는 소스라치게 놀랐다. "무슨 이유로?"

나는 체포되었으나 집행 유예 판결을 받았다. 그런데도 나는 이러한 경험을 '다시는 잡히지 말라'는 뜻으로만 알았다.

나는 그 일과 관계를 끊었으나 나의 마음은 변하지 않았다. 나는 무슨 혐의로든 다시 체포되면 6~8년을 감옥에서 살아야 한다는 것을 알았다. 그러나 돈이 되는 것이라면 어떤 거래도 마다하지 않았다.

회사 사장은 내가 한 주 내내 신문의 뉴스거리가 되는 것을 좋아하지 않았다. 결국 이사회는 나를 해고했다. 나는 기가 죽기는커녕 오히려 헤드헌팅 사업에 뛰어들어 다시 많은 돈을 벌기 시작했다. 나는 여전히 여러 방면에서 승자였지만 왠지 마음 한 구석이 허전했다.

나는 오랫동안 평안을 찾아다녔다. 그러다가 하나님의 섭리로 로스트 밸리 목장(Lost Valley Ranch)이라는 곳에서 평안을 찾았다. 콜로라도 산악 지대에 있는 로스트 밸리 목장은 1,640만 4,000평이 넘었다. 나는 그곳에서 광대함을 느꼈다. 그러다가 나의 미친 듯한 삶으로 돌아오기 위해 그곳을 떠날 때가 되면 다시 현실을 직시하게 되었다. 운전을 하면서 집으로 돌아올 때면 속이 쓰리고 눈물이 났다. 그곳을 떠나기가 왜 그렇게 힘이 드는지 이해할 수 없었다. 그러던 어느 날 나는 그 이유를 알았다. 목장에는 '그리스도인'들이 많았던 것이다. 나는 그들을 한 눈에 알아볼 수 있을 만큼 그들을 잘 알게 되었다. 그들은 나를 이상하게 똑바로 바라보았고, 내가 공격하면 성경 구절을 인용했다.

어느 부활 주일에 목장에 있었던 나는 많은 비그리스도인들이 부활절에 하는 것, 즉 교회에 가기로 했다. 나는 말을 타고 풀밭으로 나갔으며 거기서 밥 포스터라는 젊은이에게서 평생 잊지 못할 설교를 들었다. 그는 "'행복'과 '내적인 평안'은 다릅니다. 행복은 새 차의 냄새와 같고, 새로운 데이트와 같으며, 큰 계약을 체결하는 것과 같고, 마약이나 섹스와 같습니다. 여러분은 높이 올라갑니다. 여러분은 행복합니다. 그러나 그 행복은 결코 영원하지 않습니다"라고 말했다. 그리고 이렇게 덧붙였다. "어떤 지위는 다른 지위보다 높습니다. 지위마다 지속되는 기간은 다르지만 늘 끝은 있게 마련입니다."

나는 '이 사람 말이 맞아. 그게 바로 내 인생이야. 성취하고 올라가고 무엇인가를 하고 무엇인가가 되고, 그런 다음에는… 아무것도 없어'라고 생각했다.

계속해서 밥은 "내적인 평안은 다릅니다"라고 말했다.

나는 그의 말에 충격을 받았다. 나는 내게 내적인 평안이 없다는 것을 알고 있었고, 어떻게 그 평안을 얻을 수 있는지 알고 싶었다.

그는 계속해서 이렇게 말했다. "그리스도와 개인적인 관계를 가질 때에만 내적인 평안을 얻을 수 있습니다."

나는 생각했다. '그만!'

나는 말에 올라타 풀밭을 빠져 나와서 차를 몰고 덴버로 돌아왔다.

그 다음 해에도 가끔씩 그리스도인들이 내게 와서 예수 그리스도를 전했다. 그러나 나는 그들을 모욕하고 핍박하며 적대시했다. 그들 가운데는 자신이 실패했다고 믿으면서 돌아간 사람들이 많았다. 그러나 나는 내게 주 예수님을 전해 주었던 사람들의 이름과 얼굴과 말을 결코 잊지 않았다.

그 후 하나님께서는 폴 그랜트와 캐시 그랜트 부부를 나의 삶 속에 보내 주셨다. 어느 날 아침, 유대계 그리스도인인 폴은 집에서 '주님, 오늘 라켓볼 코트에 가서 제 믿음을 나누고 싶습니다'라고 기도했다.

나중에, 나는 라켓볼 코트의 문을 열고 들어서다가 그를 보았다. 그리고 불쑥 내뱉었다. "속죄일에 여기서 뭐 하는 거요? 당신은 왜 유대인들이 속죄일에 하는 것을 하지 않소?"

그가 대답했다. "저는 그리스도인입니다. 속죄일은 유대인들이 하나님께 한 해 동안의 죄에 대해 용서를 구하는 날이지요. 하지만 저는 그럴 필요가 없습니다. 메시아이신 예수님을 통해 이미 용서를 받았 거든요."

"됐으니 그만하시구려!" 나는 비꼬는 투로 말했다.

그 후 몇 달 동안 닥터 그랜트는 내가 질문을 할 때면 환자와의 약속까지 늦춰가면서 나의 질문을 들어 주었다. '이런 멍청이가 어디 있나! 내가 자신을 이렇게 대하는 데도 잠자코 있다니! 어리석기는!'

그러나 폴은 나의 첫 번째 진정한 친구가 되었다. 그는 내가 운영하는 매춘업소가 단속에 걸려 구속되었다가 풀려났을 때 내게 전화했다. 여자들이 어디에 있는지 묻거나 자신들의 이름을 말했을까 봐 걱정하는 전화는 수백 통도 넘게 걸려 왔지만 내게 "괜찮으세요?"라고 묻는 전화는 그의 것뿐이었다.

그의 물음이 나의 마음속에 화살처럼 박혔다. 그는 이어서 이렇게 물었다. "저의 부부와 함께 교회에 가보지 않으시겠어요?" 나는 아내를 보고 "한 번 가보지 뭐! 뭘 해도 좋지만 절대 어느 것에도 사인은 하지 마"라고 당부했다.

나는 교회에 갔지만 언제 끝날지 모르는 설교가 지루하기만 했다. 나중에 나는 교인들 가운데서 내가 판타지 아일랜드 팜플렛을 건네주었던 사람을 보았다. 내가 업소를 이용해 달라고 하자 그는 "저하고는 거리가 먼 곳이군요"라고 말했었다. 나는 그의 반응에 매우 감동했었다. 수년 전 일이었어도 나는 결코 잊지 못했다.

나중에 폴 부부는 우리 부부를 자신들의 집으로 초대했고, 거기서 나는 처음으로 그리스도인의 간증을 들었다. 너무나 깨끗해 보이는 그녀가 자신과 예수님과의 개인적인 관계를 말할 때 나는 '여드름이 나 났을까?' 하는 생각이 들었다.

나는 그녀가 내 앞으로 텔레비전을 가로막으며 차를 내오자 화가 났다. 나는 그날의 스포츠 경기에 10만 달러를 걸었던 것이다. 차 한 잔 때문에 텔레비전을 보지 못하는 게 무엇보다도 싫었다.

그녀는 자신이 지금까지 살아온 이야기를 했다. 성적 학대를 받았고, 인도네시아에서 한 석유 재벌의 정부로 지냈으며, 네 번이나 자살을 시도했다고 숨기지 않고 이야기했다.

나는 그녀의 말을 믿지 않았다. 나와 아내를 자신의 종교로 끌어들이려고 꾸며낸 이야기라고 생각했다. 나는 그들의 집을 나서며 아내에게 이렇게 말했다. "저 사람들한테나 어울리는 얘기지. 우리는 집에 가서 한 잔 하자!"

콜로라도의 레이크우드 경찰서에서는 나의 뒤를 캐고 다녔다. 어느 날 밤 경찰은 신분을 숨긴 매력적인 여자 경찰관을 내게 보냈다. 그녀는 내게 훔친 텔레비전을 가져올 테니 사겠느냐고 했다. 나는 그녀에게 20달러를 주었고 바로 체포되었다. 나의 보석금은 25만 달러였다. 경찰이 함정 수사를 편 때가 금요일 저녁이었기 때문에 나는 꼼짝없이 주말을 유치장에서 보내야 했다. 월요일에 유치장에서 풀려난 나는 갑자기 두려워졌다. 나는 집행유예 기간에 범죄를 저질렀던 것이다. 이제 6년에서 8년을 감옥에서 보내야 했다.

나는 부엌 식탁 앞에 앉아 눈물을 흘리며 울었다. 회개의 눈물이 아니라 두려움의 눈물이었다. 나는 빠져나갈 궁리를 했다. 마약과 술을 생각했지만 내 인생에 더 큰 문제를 만들고 싶지 않았다. 도피를 생각했다. 그때 내게는 도피 자금도 있었다. 자살도 생각해 보았다. 그러나 하나님의 은혜로, 나는 자살을 선택하지 않았다.

그때 하나님께서는 믿지 않았던 나의 아내를 사용하셨다. 아내가 내게 "우리 결혼식 때 주례를 서 주셨던 분에게 전화하는 게 어때요?"라고 제안했던 것이다.

그러나 나는 아내의 제안을 거절했다. "그런 사람을 내 인생에 끌어들이고 싶지 않아!"

그러나 성령께서는 나의 무지보다 강하셨다. 결국 나는 그 목사님에게 전화를 했으며 눈물을 흘리며 말했다. "삶의 내적인 평안을 얻고 싶습니다."

다음 날 나는 140km를 달려 그 목사님이 계시는 작은 교회로 갔다. 나는 교회당으로 걸어 들어갔다. 먼지가 자욱한 바닥에는 그 흔한 카펫 하나 깔려 있지 않았다. 잠시 후 바닥은 나의 눈물로 범벅이 되었다. 1981년 3월 4일 오전 11시, 나는 예수 그리스도를 나의 주님, 나의 구주로 깨닫고 만난다는 것이 무엇을 의미하는지 알게 되었다.

하나님께서 나의 삶을 완전히 바꿔 놓기로 하셨다. 내가 차를 몰고 산을 내려올 때 앞으로 일어날 일을 처음으로 예고했다. 나는 난생 처음으로 이타적인 생각이 들었다. 아주 오래 전에 버린 딸 생각이 났던 것이다. '테미는 어디 있을까?'

집으로 돌아온 나는 하나님의 완벽한 타이밍을 경험했다. 연락이 끊긴 지 23년이나 된 테미가 자동 응답기에 메시지를 남겨 놓았던 것이다. 테미는 딸이 아빠에게 하기에는 어딘지 모르게 평범하지 않은 말을 남겼다. "아빠가 구속되었다는 소식을 신문에서 봤어요. 보고 싶어요."

얼마 후, 나는 딸을 만나 용서를 빌었다. 그 다음 순간에 나는 내 평생에 가장 큰 특권을 누렸다. 내가 테미의 손을 잡고 있었을 때 테미는 마음과 삶을 예수 그리스도께 드렸다.

나는 당연히 감옥에 갈 것으로 예상하고 있었지만 하나님의 계획은 달랐다. 마피아 변호사는 내가 재판을 받고 있을 때 종적을 감추었고 지방 변호사는 엉뚱한 사람들만 법정에 불러냈음에도 불구하고 기적이 일어났다. 판사는 내 사건을 기각했을 뿐 아니라 그 지역에서 재기소하는 것까지 금지시켰다. 나는 그날 자유의 몸으로 세상에 나왔다. 하지만 그보다 더 중요한 것은 그리스도께서 나를 나의 죄에서 자유하게 하셨다는 사실이다.

그 후 2년 동안, 나는 레이크우드 경찰서에 다시 가서 그리스도께서 나의 삶을 바꿔 놓으셨음을 알릴 기회를 달라고 기도했다. 어느 날 부서장은 점심을 먹다가 갑자기 내 이름을 생각하고는 자리에서 벌떡 일어나 "하나님이라도 저런 놈은 용서하지 못하실 거야" 하고 말했다.

그때 누군가가 "직접 확인해 보시지 그러세요"라고 대답했다.

나는 그를 만나 점심을 함께하던 날을 결코 잊지 못할 것이다. 그는 나를 보자마자 "자네가 발견한 것이 자네 삶에서 그대로 실행되고 있는지 알아보러 왔네. 내가 직원들에게 자네를 만나러 간다고 했더니 한 사람은 내게 도청 장치를 하겠다고 하고, 또 한 사람은 나를 경호해 주겠다고 하더군."

그날 나는 나의 체포를 지휘했던 사람의 손을 잡고 기도했다. 3개월 후, 그는 내게 독실한 기독교 성도인 한 여경을 소개해 주었다. 나를 체포해서 차에 태웠던 바로 그 사람이었다. 우리는 함께 교회에 갔고, 그녀는 나와 매우 가까운 그리스도인 친구 가운데 하나가 되었다.

하나님께서 나의 삶을 바꾸셨다면 당신의 삶도 바꾸실 수 있다. 예수 그리스도를 알아가는 간단한 다섯 단계가 있다.

1. 당신이 죄인이라는 사실을 하나님 앞에서 인정하라.
2. 당신의 죄를 용서받기를 원하라.
3. 예수 그리스도께서 당신을 위해 십자가에서 죽으시고 부활하셨음을 마음으로 믿어라.
4. 당신의 삶을 기꺼이 예수 그리스도께 드려라.
5. 예수 그리스도를 당신의 주님과 구주로 영접하라.

예수 그리스도를 영접하려면 다음과 같은 기도를 드려라(읽기만 하면 된다). "하늘에 계신 아버지여, 저는 죄인입니다. 저의 모든 죄를 용서받길 원합니다. 아버지여, 예수 그리스도께서 저 때문에 십자가에서 죽으시고 다시 살아나셨다는 사실을 마음으로 믿습니다. 저의 삶을 당신께 드리니 당신의 뜻대로 사용하십시오. 당신의 말씀과 뜻에서 벗어나 곁길로 다니다가 이제 당신께 돌아옵니다. 아버지여, 예수님이 제 삶에 들어오시길 원합니다. 아버지여, 당신으로 저를 채우소서. 주 예수여, 저의 삶 속으로 들어오소서. 저의 마음속에 들어오소서. 당신을 사랑합니다. 예수님의 이름으로 기도합니다. 아멘."

그리스도를 영접하는 기도를 드렸다면, 예수님의 영원한 나라에 들어온 것을 환영한다. 당신이 새롭게 헌신하게 되었음을 누군가에게 알려라. 성경을 믿고 가르치며 그리스도가 중심인 교회를 찾아 출석하는 것이 중요하다. 하나님과 함께 여정을 계속하는 당신에게 그분의 축복이 있으리라.

주

3장
1. Michael P. Green (ed.), *Illustrations for Biblical Preaching* (Grand Rapids, Mich.: Baker Book House, 1990).

6장
1. John D. Woodbridge (gen. ed.), *More Than Conquerors* (Chicago, Ill.: The Moody Bible Institute of Chicago, 1992), pp. 145, 146.

8장
1. Ripley Entertainment, *Ripley's Believe It or Not! Strange Coincidences* (New York: Tom Doherry Associates, 1990).
2. 조시 맥도웰, 『예수는 누구인가?』(순출판사 역간)
3. 같은 책.

10장
1. 짐 심발라, 『새 바람 강한 불길』(죠이선교회출판부 역간)
2. Kathleen G. Grant, *The Key to His Kingdom: Praying in the Word of God* (P.O. Box 6001, Littleton, Colo. 80121), pp. 94, 95, 97~101, 103. The Bread of Life Foundation(1995), 303-781-6484, fax: 303-781-6585; used with permission.

11장
1. Lee Strobel, *Inside the Mind of Unchurched Harry and Mary: How to Reach Friends and Family Who Avoid God and the Church* (Grand Rapids, Mich.: Zondervan Publishing House, 1993), p. 83.